Helmut von Siedmogrodzki

Unser Planet am Limit

Wie wir das Wachstums-Paradigma überwinden und dabei glücklicher werden

Diplomatic Council Publishing

Helmut von Siedmogrodzki

Unser Planet am Limit

Wie wir das Wachstums-Paradigma überwinden und dabei glücklicher werden

Diplomatic Council Publishing

1. Auflage 2024

Hinweis zu gendergerechter Sprache

In diesem Werk ist wie in allen Büchern des DC Verlages mit dem generischen Maskulinum wie etwa „Wissenschaftler", „Manager" oder „Experte" stets die sexusindifferente Bezeichnung gemeint, also alle (!) Geschlechter. Alle Abweichungen von dieser Regel werden sprachlich eindeutig gekennzeichnet, etwa durch Worte wie „männlich" oder „weiblich".

Auf Genderzeichen oder die Bezeichnung „(m/w/d)" wird aus Gründen der besseren Lesbarkeit völlig verzichtet.

Wissenschaftliche Schreibweise

In diesem Buch wird statt der korrekten wissenschaftlichen Schreibweise für chemische Formeln wie beispielsweise CO_2 stets die einfachere Schreibung CO2 verwendet, um die Lesbarkeit zu erhöhen.

Bibliografische Informationen der Deutschen Nationalbibliothek

Die Deutsche Nationalbibliothek verzeichnet die Publikation in der Deutschen Nationalbibliografie; detaillierte bibliografische Daten sind im Internet über http://dnb.d-nb.de abrufbar. Printed in the Federal Republic of Germany.

Gedruckt auf säurefreiem Papier.

Gestaltung, Cover, Satz: IMS International Media Services, Wiesbaden

Print ISBN: 978-3-98674-118-1

E-Book ISBN: 978-3-98674-119-8

Für meine Söhne Arndt und Michael

Inhalt

Vorwort

Wir saßen auf der Terrasse des kleinen Cafés der ehemaligen Herrenmühle. Die Kinzig stürzte mit lautem Getöse über das Wehr, sodass man kaum sein eigenes Wort hörte. Heftige Unwetter hatten Deutschland in den letzten Tagen heimgesucht. Gewaltige Regenmassen hatten ganze Häuser weggeschwemmt, Orte verwüstet, Straßen in reißende Flüsse verwandelt; Staudämme brachen unter den Wassermassen ein.

Über 170 Tote hat das Jahrhunderthochwasser verursacht und zahllose Existenzen vernichtet. Die Schäden sollten sich auf mehr als 12 Milliarden Euro summieren. Auch die Kinzig war bis an den hohen Uferrand gefüllt. Die Nachrichten und Talk-Shows hatten tagelang kein anderes Thema. Die Folgen des Klimawandels waren jetzt auch vor unserer Haustür brutal sichtbar geworden. Unser Gespräch führte uns unwillkürlich von den zunehmenden Naturkatastrophen weltweit über die noch andauernde Covid-19 Pandemie zur Bedeutung von Nachhaltigkeit und den begrenzten natürlichen Rohstoffen auf unserer Erde.

„Diese Themen beschäftigen mich schon eine ganze Weile. Endlich finde ich jemanden, mit dem ich meine Gedanken teilen kann“, erfreute sich meine Gesprächspartnerin. Wie können wir stetig unsere Wirtschaftsleistung erhöhen, unseren Konsum steigern, obwohl die notwendigen weltweiten Ressourcen begrenzt sind und von Jahr zu Jahr geringer werden? Können wir weiter hinnehmen, dass Wälder in ungeheurem Ausmaß gerodet werden, Tier- und Pflanzenarten ausgerottet werden, nur um unseren Konsumhunger zu stillen? Wie lange können wir die Menschen der sogenannten „Dritten Welt“, die für geringes

Entgelt und unter teils unsozialen Bedingungen unsere Haute Couture fertigen, in ihren Heimatländern halten und davon abhalten, sich auch ein Stück von dem Kuchen Wohlstand zu nehmen? Schnell mussten wir uns eingestehen, dass wir ja selbst Teil des Ursachensystems sind und eine Lösung nur durch Änderung des eigenen konsumtiven Verhaltens möglich ist. Die Argumente von *Fridays for Future* und *Scientist for Future* erschienen uns im Licht unserer Erörterungen gar nicht mehr so radikal. Im Gegenteil, offensichtlich bewirken nur zwingend vorgebrachte Forderungen ein allmähliches Umdenken der Gesellschaft.

Dass wir auf unserem Planeten mit nur begrenzten Ressourcen nicht unendlich weiter wachsen können, ist fast eine Binsenweisheit. Dennoch fällt es uns nach jahrhundertelangem Wachstum und dem unvergleichlichen Wirtschaftswunder nach dem Zweiten Weltkrieg schwer, uns von liebgewordenen Konsumgewohnheiten zu verabschieden. Nichts anderes wird uns aber mit an Sicherheit grenzender Wahrscheinlichkeit in Zukunft übrigbleiben.

Es hat 50 Jahre und eine Pandemie gebraucht, bis die Erkenntnisse von Donella und Dennis Meadows in ihrer Studie zur Lage der Menschheit und Zukunft der Weltwirtschaft aufgezeigten Grenzen unseres Handelns im politischen und gesellschaftlichen Alltag angelangt sind.[1]

Der prognostizierte Klimawandel findet statt und ist nicht mehr zu leugnen. Die Konsequenzen des fortschreitenden, sich beschleunigenden Raubbaus an der Leistungsfähigkeit unseres Ökosystems werden zunehmend sichtbar.

Offenen Auges berauben wir uns der eigenen Lebensgrundlage.

„Die Gretchen-Frage ist doch: Wie überzeugen wir genügend viele Menschen auf allen Kontinenten, sich mit diesem Thema ernsthaft zu beschäftigen und ihr Gesellschafts- und Wirtschaftssystem in eine Balance mit dem Ökosystem der Erde zu bringen?“, schlussfolgerte mein Gegenüber.

Ein 15-jähriges Mädchen hat die Staats- und Unternehmenslenker aufhorchen lassen. Greta Thunberg hat es geschafft, dass ihr die Welt zuhört und eine Bewegung in Gang gesetzt, die Menschen auf der ganzen Welt nachdenklich gemacht hat.

Wir haben Alarmstufe rot erreicht, ermahnte António Guterres, Generalsekretär der Vereinten Nationen, angesichts der unzureichenden Pläne zur Begrenzung der Erderwärmung aller 193 Mitgliedsstaaten in seiner Rede am 18. April 2021 in Malaysia.[2]

Wir müssen *heute* die richtigen Entscheidungen treffen, für unser Leben von Morgen.

Helmut von Siedmogrodzki

Zeit für einen Paradigmenwechsel

In Russland verbrennen Wälder von der Größe Siziliens, Naturkatastrophen reihen sich aneinander mit immer verheerenderen Folgen, unsere Fischbestände sind verseucht mit Antibiotika und Mikroplastik, Tier- und Pflanzenarten sterben massenweise aus, Trinkwasser wird ein immer knapperes Gut. Diese und ähnliche Ereignisse sind die Konsequenzen des ungehemmten Raubbaus an den natürlichen Ressourcen und eines unbekümmerten massenhaften Konsums. Unser Wirtschaftsmodell ist auf Wachstum ausgerichtet – nicht nur im Kapitalismus, selbst im kommunistischen China. Ohne Wachstum keine Beschäftigung, keine Investitionen, keine Innovationen und kein Wohlstand – so lautet das Dogma. Nur wohin und wie lange wollen wir wachsen? Es ist eine unbestrittene Erkenntnis, dass endloses Wachstum bei endlichen Ressourcen schlicht unmöglich ist.

„Wer glaubt, exponentielles Wachstum könnte in einer endlichen Welt unendlich weitergehen, ist entweder ein Wahnsinniger oder Wirtschaftswissenschaftler.“ (Kenneth Boulding bei einer Anhörung des US-Kongresses 1973).[3]

Bei einer Weltbevölkerung von erwarteten 9,7 Milliarden Menschen im Jahr 2050 dürfte unser Ökosystem bei unveränderten Wachstumsraten des Pro-Kopf-Einkommens und unverändertem Konsumverhaltens an seine Belastungsgrenzen stoßen.

Ende 2015 haben 193 Mitgliedstaaten der Vereinten Nationen die „Agenda 2030 für Nachhaltige Entwicklung“ mit 17 Nachhaltigkeitszielen (Sustainable Development Goals, SDGs) vereinbart. Die Agenda zielt darauf ab, Armut zu beenden, den Planeten zu schützen und Wohlstand für alle zu erreichen. Aber was bedeutet Wohlstand? Und geht Wohlstand einher mit größerer Zufriedenheit? Tatsache ist, dass der Katalog der zu den Grundbedürfnissen zählenden Gütern in den Wohlstandsländern stetig gewachsen ist, die Zufriedenheit aber relativ abgenommen hat.[4] Mehrere Studien belegen, dass die Zunahme an Lebenszufriedenheit ab einem bestimmten Einkommensniveau nicht nur nicht mehr zunimmt, sondern sogar stark abnimmt.[5]

Die seit Jahren stärker werdende Politikverdrossenheit und Unzufriedenheit mit den Lebensumständen, Selbstzweifel und Misstrauen gegenüber den Regierungen in den westlichen Industriestaaten vor allem in Krisenzeiten wie der Corona-Pandemie mag hierin eine Erklärung finden. Die Urbanisierung hat immer mehr Menschen in anonymen Wohnblocks zusammengebracht und uns gleichzeitig stetig von der Natur entfernt. Wir wünschen uns das Frühstücksei, aber klagen gegen den störenden Hahnenschrei. Die Digitalisierung tut ein Übriges, uns aus dem Rhythmus der natürlichen Zeitenfolgen zu entrücken. Die Folgen sind soziale Armut, Aggressivität und permanente Stresssituationen. In diesem Lebensumfeld bahnt sich eine steigende Unzufriedenheit ihren Weg in Form von gewalttätigen Besuchern von Fußballstadien, Steine werfenden, aggressiven Demonstranten und Angriffen auf unschuldige Bürger.

Landfressende Städte und fortschreitende Vernichtung von Habitaten von Flora und Fauna verengen die Lebensgemeinschaft von Menschen und Wildtieren. Dies wiederum begünstigt die Übertragung von Viren vom Tier auf den Menschen und fördert die Ausbreitung von Pandemien wie Covid-19 oder Ebola.

Fortgesetztes Wachstum wird uns am Ende (vielleicht) einen höheren Lebensstandard, jedoch nicht mehr Lebenszufriedenheit bringen. Das ungehemmte Wachstum erschöpft uns selbst und unser Ökosystem. In großen Teilen der Erde werden sich die Lebensumstände dramatisch verschlechtern und eben diesen Wohlstand gefährden. Ein Paradigmenwechsel in der Gestaltung unseres Wirtschaftssystems und unserem Verständnis von Wohlstand ist notwendig.

Grenzen des Wachstums

Zur Schlussfolgerung, dass ein Paradigmenwechsel notwendig ist, kamen bereits die Autoren der Studie „Grenzen des Wachstums“ des *Club of Rome* 1972. Viele der Annahmen und Ergebnisse wurden in verschiedenen nachfolgenden Studien und der aktuellen Entwicklung des Klimawandels bestätigt.[6]

Vor allem deren Aussage, dass die abgehenden Winde von Wiederkäuern erheblich zur Erderwärmung beitragen, nämlich durch das freigesetzte Methangas, hat eher zu Lachsalven als ernsten Diskussionen beigetragen. Mittlerweile ist auch dieses Ergebnis Faktum.

Tim Jackson, britischer Wirtschaftswissenschaftler und Professor für nachhaltige Entwicklung, zeigte in seiner aktualisierten Arbeit „Wohlstand ohne Wachstum – das Update“ (2017) einen Weg aus dem „Wachstumsdilemma“ auf: Abkehr von einem materialistischen, exzessiven Konsumismus, der uns anhält, alle sechs Monate ein neues Smartphone, die neueste Mode und alle drei Jahre ein neues schickes Auto zu kaufen, hin zu einer dienstleistungsorientierten Marktwirtschaft, die uns die für unsere Lebensgestaltung notwendigen und gewünschten Güter bereitstellt.

Im Vordergrund dieses Wirtschafts- und Gesellschaftssystems stehen nicht mehr Statussymbole, wie das größte und schnellste Auto, die teuerste Wohnung, das schickste Outfit, finanzieller Erfolg und Image, sondern Selbstakzeptanz, Beziehung, Zugehörigkeit zu einer Gemeinschaft. „Menschen, die sich stärker an diesen inneren Werten orientieren, sind glücklicher und empfinden zugleich mehr Verantwortung für die Umwelt als

Menschen mit materialistischen Werten“, drückt es Tim Kasser aus, Professor für Psychologie am Knox College in Illinois.[7] Er forscht seit Jahren mit vielen namhaften Kollegen auf dem Gebiet Werte und Wohlbefinden und ist bekannt für seine Studien zu den negativen Auswirkungen von Materialismus.[8] „Die Hinwendung zu den „inneren Werten“ des Menschen, statt auf Äußerlichkeiten Wert zu legen, macht sie glücklicher und verbessert die Lebensqualität.“ – so die Schlussfolgerungen aus einer Studie von Professor Helga Dittmar und Kollegen aus dem Jahr 2014.[9]

Das Wachstums-Mantra

Seit der industriellen Revolution im 19. Jahrhundert haben die Staaten, vor allem der westlichen, marktwirtschaftlich orientierten Hemisphäre einen unglaublichen wirtschaftlichen Aufstieg erfahren. Begleitet wurde dieses Wachstumsszenario von technologischen Fortschritten in immer kürzeren Zeitabständen. Es gab zwar auch Rücksetzer während der letzten 100 Jahre, Wirtschaftskrisen, die große Depression, Hyperinflation und Kriege. Doch das Anheizen der Rüstungsindustrie hat den wirtschaftlichen Zusammenbruch nur verzögert, aber nicht verhindert. Nach dem Zweiten Weltkrieg standen beinahe alle Industriestaaten mehr oder minder wieder am Anfang. Das galt besonders für Deutschland. Der Wiederaufbau Deutschlands und anderer in den Zweiten Weltkrieg verwickelten Staaten stand unter dem unbändigen Willen, die Wirtschaft wieder zum Laufen zu bringen, Arbeitsplätze zu schaffen und Wohlstand zu erzeugen. Das funktionierte wunderbar mit großzügigen Finanzspritzen aus den USA (dem „Marshall Plan“), einer Währungsreform und kreativem Unternehmertum. Jahr für Jahr stiegen die Löhne, die Arbeitszeiten wurden geringer; der Wohlstand für immer mehr Menschen nahm kontinuierlich zu, unterstützt von einer stetigen Steigerung des Wirtschaftswachstums. Doch trotz eines gehobenen Wohlstands der Allgemeinheit fordern die Gewerkschaften weiterhin höhere Löhne und Gehälter, Unternehmensinhaber wollen höhere Gewinne, die durch eine höhere Produktivität und Kostensenkung einerseits und Preissteigerungen andererseits gesichert werden.

Die Lenker von Kapitalgesellschaften ordnen sich der Forderung der Aktionäre unter, den Unternehmenswert der Investition stetig zu steigern. Kostensenkungsprogramme lösen einander ab, Mitarbeiter werden entlassen, womit die allgemeine Kaufkraft wiederum sinkt. Wohin soll diese Spirale des kontinuierlichen Wachstums führen?

Die Finanzkrise 2007/08 hat die Fragilität dieses Wirtschaftssystems sichtbar werden lassen. Ein weltweiter Zusammenbruch des Finanzsystems und damit einhergehend der Weltwirtschaften wurde nur durch immense Finanzspritzen und das noch hungrige China verhindert. Der frühe Kollaps unseres Finanz- und Wirtschaftssystems wurde durch eine ungeheure Anhäufung von Schulden verschoben. Erneut galt das Mantra, die Wirtschaft muss wachsen, damit Beschäftigung und Wohlstand erhalten bleiben. Die Finanzkrise hätte eine Mahnung sein können, einen Weg zur Neuorientierung einleiten können, doch stattdessen verhallte diese Warnung weitgehend ungehört.

Die Coronavirus-Pandemie hat daran nichts geändert – leider. Der durch die Maßnahmen zur Bekämpfung der Pandemie ausgelöste breite gesellschaftliche Diskurs drehte sich in der Hauptsache um die Rechte des Einzelnen. Allen voran die Freiheitsrechte. Der Klimaschutz, die Erschöpfung der natürlichen Ressourcen durch unersättlichen Konsum, traten dagegen in den Hintergrund. Doch ohne Natur kann es auch keine Freiheit geben. Welche Freiheitsrechte bleiben uns, wenn Anbauflächen veröden, Landstriche im Meer versinken, die Armut in den Entwicklungsländern steigt und eine ungeahnte Völkerwanderung auslösen wird? Noch während der Pandemie erschallten erneut die Rufe nach dem Wachstum der abgebremsten Weltwirtschaften.

Seit der Finanzkrise 2008 sind die weltweiten Schulden laut dem Institute of International Finance (IIF) um 87 Billionen Dollar auf über 322 Prozent des weltweiten Bruttoinlandsprodukts gestiegen. Um die durch Corona verursachte Delle in der Wirtschaftsleistung ihrer Mitgliedsländer auszubügeln, hat die Europäische Union beschlossen, einen Corona-Aufbaufond in Höhe von 750 Milliarden Euro aufzulegen, der – wie sonst? – über Kredite finanziert wird. US-Präsident Joe Biden legte gar ein 2,2 Billionen Dollar-Programm auf. Die Zentralbank der Vereinigten Staaten von Amerika fürchtete sich, den Zinssatz anzuheben, der zahlreiche Staaten in die Zahlungsunfähigkeit treiben würde, und eine zweite weltweite Finanz- und Wirtschaftskrise auslösen könnte. Wir sind unsere eigenen Gefangen des Wachstums-Mantras.

Gesellschaft im Wandel

Wir leben in disruptiven Zeiten. Die technologische Entwicklung schreitet in atemberaubendem Tempo voran und lässt die meisten von uns verunsichert zurück. Künstliche Intelligenz, Blockchain, Internet of Things und Quantencomputer lassen sich nur noch mittels abstrakter mathematischer Formeln erfassen und bleiben für die Allgemeinheit ein Buch mit sieben Siegeln. Unser Verhalten wird durch Algorithmen bestimmt.

Die massenhafte Verarbeitung unserer persönlichen Daten durch marktbeherrschende Konzerne, die uns täglich unsere prognostizierten Wünsche vorstellen, vermitteln ein Gefühl der Manipulation, des nicht mehr selbst bestimmten Handelns. Diesem Gefühl der Ohnmacht stellt sich zunehmend der Wunsch nach Veränderung entgegen. Vor allem junge Menschen machen auf sich aufmerksam und formulieren mit Nachdruck ihre Forderungen nach einem neuen gesellschaftlichen Konsens. Dieser Konsens verlangt nach einem ökonomischen Nachhaltigkeitsmodell, das mit dem ökologischen Gesamtsystem des Erdtrabanten im Einklang steht.

Die Grenzen des Wachstums werden definiert durch die Nachhaltigkeit und Wiederverfügbarkeit der Ressourcen und der Vereinbarkeit mit dem unser Leben ermöglichenden Ökosystem. Die Folgen des weitgehend unbestrittenen, negativen Wandels des Klimas, des fortschreitenden Aussterbens von Tier- und Pflanzenarten, der Zunahme von Naturkatastrophen und Pandemien sind schon heute deutlich sichtbar und setzen die Grenzen für zukünftiges Handeln. Während der technologische Fortschritt wie ein Hochgeschwindigkeitszug an uns vorbeirauscht, zeigen sich die Veränderungen unseres Ökosystems bisher schneckengleich nur in größeren Zeitabständen. Diese generationenübergreifende Langsamkeit macht es uns schwer, die Notwendigkeit zur Änderung unseres Verhaltens als Verbraucher und Wirtschaftende zu erkennen und einzusehen. Allerdings dürfte sich, ohne eine Anpassung an die geschaffenen Konditionen, der Wandel unseres Ökosystems – und damit die negativen Konsequenzen – ebenfalls beschleunigen.

Unzweifelhaft ist die Herausforderung an uns enorm. Verlangt wird nicht weniger als mit Jahrhunderte alten Paradigmen zu brechen. Unser ganzer Wohlstand basiert auf der Annahme kontinuierlichen Wachstums, befeuert durch stetige Innovation. Wie also können wir einerseits den erarbeiteten Wohlstand der Industrieländer erhalten, und dennoch bei zunehmender Weltbevölkerung und riesigem Nachholbedarf der weniger entwickelten Regionen eine Balance zwischen Verbrauch und Angebot an verfügbaren Grund- und Nährstoffen herstellen, und dabei den sozialen Frieden wahren?

Wachstum und sozio-ökologisches Gleichgewicht

Die massiven Eingriffe unseres Wirtschaftens in das globale Ökosystem unserer Erde haben dieses bereits erheblich aus dem Gleichgewicht gebracht und überfordern schon heute die Regenerationsfähigkeit der Natur in Teilen. Wie schnell sich andererseits die Umwelt wieder erholen kann, sieht man beispielhaft am Wachstum von Fischbeständen in sonst überfischten Gewässern, die während der Coronavirus-Pandemie in Ruhe gelassen wurden.

Politiker, Umweltverbände und Wissenschaftler verfolgen daher den Ansatz der „Entkoppelung". Fortgeführtes Wachstum soll ermöglicht werden durch effizientere Produktionsverfahren, den vermehrten Einsatz nachwachsender Rohstoffe, den verminderten Einsatz von Materialien, die Reduzierung von Emissionen sowie innovative und umweltfreundliche Produkte. Auch die deutsche Bundesregierung setzte in ihrer Nachhaltigkeitsstrategie 2021 auf „Entkoppelung". Aber führen Wachstum und Entkoppelung tatsächlich zu einem Gleichgewicht des natürlichen Lebensraums und der Eindämmung der Folgen des Klimawandels?

Wachstum und Wohlstand kann nicht nur für die westlichen Industrienationen gelten. Die 193 Mitgliedstaaten der Vereinten Nationen haben sich verpflichtet, bis 2030 Armut und Hunger weltweit zu beseitigen. Von diesem Ziel sind wir meilenweit entfernt. Gleichzeitig produzieren wir in der westlichen Hemisphäre Nahrungsmittel im Überfluss. Damit nicht genug, vernichten wir Nahrungsmittel und neue Produkte, die keinen Abnehmer gefunden haben, der Preisstabilität und des Wachstums wegen – ein Unding! Das Wohlstandsgefälle in unseren Gesellschaften zu Hause und weltweit ist inzwischen auf ein Maß angewachsen, welches unweigerlich soziale Unruhen anheizt. Die Flüchtlingsströme nach Europa oder von Mittelamerika in die Vereinigten Staaten von Amerika sind nur ein kleiner Vorgeschmack der zu erwartenden Völkerbewegungen und der damit einhergehenden sozialen Auseinandersetzungen.

Millionen von Menschen leben seit Jahrzehnten in eingezäunten Flüchtlingscamps ohne Hoffnung, diesem Rand der Zivilisation je entrinnen zu können. Die auf Wachstum ausgelegten Wirtschaftssysteme werden diese Situation weiter verschärfen. Urbanisierung und die damit verbundene Versiegelung von Anbauflächen, die massenweise Rodung von Wäldern, die Beseitigung der Lebensräume vielfältiger Tier- und Pflanzenarten und die Ausbeutung der in der Erde vorkommenden Rohstoffe haben eine Eigendynamik entwickelt, die als Katalysator den Klimawandel und die Zerstörung unseres Lebensraums beschleunigen.

Olaf Scholz betonte in seiner Zeit als Finanzminister der Bundesrepublik Deutschland 2021 die Ernsthaftigkeit der Situation: „Wir brauchen eine zweite industrielle Revolution, um die Klimaziele zu erreichen und um unseren Wohlstand zu erhalten.“ Und weiter: „Wenn wir das jetzt verstolpern, gefährden wir unsere Industrie, unsere Arbeitsplätze, unseren Wohlstand.“[10]

Auch die damalige Bundeskanzlerin Angela Merkel mahnte, „die Umsetzung der Nachhaltigkeitsziele sei beim jetzigen Tempo nicht zu schaffen.“[11]

Auf ihrem Nachhaltigkeitsgipfel im Jahr 2019 haben die Mitgliedsländer der Vereinten Nationen postuliert, dass die Sustainable Development Goals im Jahr 2030 nicht erreicht würden, wenn sich aktuelle Trends fortsetzten. Klimawandel, Artensterben und steigender Ressourcenverbrauch stoßen ebenso offensichtlich an planetare Grenzen, wie Gerechtigkeitsfragen zwischen Generationen und Regionen einer Lösung bedürfen.[12]

António Guterres betonte bei seiner zweiten Vereidigung als Generalsekretär der Vereinten Nationen gegenüber den versammelten Botschaftern: „We are truly at a crossroads, with consequential choices before us. Paradigms are shifting. Old orthodoxies are being flipped." („Wir befinden uns wirklich an einem Scheideweg, mit daraus resultierenden Entscheidungen, die uns bevorstehen. Paradigmen verschieben sich. Alte Orthodoxien werden umgedreht.")

Wie aber soll sich etwas ändern, wenn uns täglich Influencer suggerieren, wir benötigten ein neues Auto, jugendlich trimmende Kosmetika, neue Kleider, ein neues Smartphone, ein größeres Haus und all dies supergünstig, am billigsten, für fast kein Geld. Die Coronakrise hat uns auch diesbezüglich vor Augen geführt, dass diese Produkte zu solch niedrigen Preisen hierzulande gar nicht mehr produziert werden können. Selbst China gilt bei vielen Unternehmen bereits als zu teuer, nachdem Löhne und Sozialabgaben über Jahrzehnte um durchschnittlich mehr als zehn Prozent jährlich angehoben wurden. Seit der Erfindung des Discounters hat sich unsere Gesellschaft zu einer „Ich-will-alles-haben-aber-billig-Gemeinschaft" entwickelt. Während man in den Anfängen der Discounter-Zeit noch eher abschätzig auf die weniger begüterte Kundschaft der neuen Wettbewerber herunterschaute, tummeln sich heute die

Porsche- und Mercedesfahrer ohne Scheu zwischen den Regalen der Billiganbieter. Reich bleibt nur, wer wenig ausgibt!

Kann unser Gesellschafts- und Wirtschaftssystem nur dann überleben, wenn wir jedes Jahr eine üppige Gehaltserhöhung in der Tasche haben, jedes Jahr die Dividende der Aktionäre erhöht wird, die Vergütungen der Star-Unternehmenslenker im dreistelligen Millionenbereich liegen? Müssen Fußballspieler Millionengehälter kassieren, während Kinder in Bangladesch für wenige Cents die Trikots zusammennähen? Am Ende zahlen wir alle die Zeche.

Wir stehen an einem Scheidepunkt, sagte António Guterres. Die vor uns liegenden notwendigen Veränderungen mögen uns genauso utopisch erscheinen wie die Abkehr von den Pferdefuhrwerken im 19. Jahrhundert und ihr Ersatz durch autonome Fahrzeuge im 21. Jahrhundert. Die heutige Generation Z wird sich kaum noch die mit vielen Zylindern und noch mehr PS bebilderten Auto-Quartettkarten legen. Den Adrenalinschub des durchgetretenen Gaspedals eines 600 PS-starken Boliden werden diese Nachkommen nur noch in einem Motodrom erleben. Selbststeuernde, komfortabel ausgestattete Kommunikationsvehikel, die auf Abruf in wenigen Minuten verfügbar sind, bringen die Menschen der Zukunft geräusch- und emissionslos an ihr Ziel. Das Auto, lange Zeit ein Statussymbol, wandelt sich zurück zu seiner ursprünglichen Bestimmung: dem Transport.

Das Jahrzehnt des Handelns

Entkoppelung und disruptive Technologien alleine werden nicht ausreichen, um unsere Lebensräume zu erhalten. Wir müssen unser Verhalten und unser Wirtschaftssystem grundlegend verändern. Dies muss indes nicht notwendigerweise auf

Kosten eines angemessenen Wohlstandes passieren. Wir dürfen allerdings erwarten, dass die allgemeine Zufriedenheit wieder zunimmt, je geringer unsere materialistischen Forderungen sind. Dass ein solches Wirtschafts- und Gesellschaftssystem möglich ist, belegen vielfältige Studien und Forschungsergebnisse.

Ein „Weiter so“ hingegen führt zwangsläufig an die planetaren Belastungsgrenzen und gefährdet damit auch unseren erwirtschafteten Wohlstand. Prof. Thomas Döring von der Hochschule Darmstadt zeichnete in einem Artikel in der Ausgabe vom Juli 2019 des *Wirtschaftsdienst* (Zeitschrift für Wirtschaftspolitik) ein noch düsteres Bild: „Die mittlerweile erreichte Eingriffsintensität ökonomischen Handelns in die natürlichen Regelkreisläufe könnte den Fortbestand der menschlichen Zivilisation selbst gefährden.“[13]

Politiker weltweit haben die Dringlichkeit des Handelns längst erkannt. Nur über den Weg in die Zukunft streiten sich die Geister. Die Vereinten Nationen haben das jetzige Jahrzehnt als die Dekade des Handelns ausgerufen („Decade of Action and Delivery for Sustainable Development“). Der Antrieb zum Handeln begründet sich dabei hauptsächlich mit dem Ziel, den Klimawandel abzubremsen und CO2-Neutralität bis 2050 zu erreichen. Bis 2030 – also in weit weniger als zehn Jahren! – müssten alle Staaten der Erde zusammen die Treibhausgasbelastung um mindestens 45 Prozent gegenüber 2010 senken. Zu den vorgestellten Plänen der Mitgliedstaaten erklärte der Generalsekretär der Vereinten Nationen auf dem Klimagipfel im September 2019: *„But so far, those plans achieve less than a one per cent cut in emissions. This is a true red alert for people and planet.“* („Aber bisher erreichen diese Pläne weniger als ein Prozent Reduktion der Emissionen. Dies ist wirklich eine dringliche Warnung für die Menschen und den Planeten“).

Das Ruhrgebiet hatte 25 Jahre Zeit, sich vom Kohleabbau zu verabschieden und neuen Technologien zuzuwenden. Die Natur wird uns kaum noch so viel Zeit lassen. Mit zunehmender Geschwindigkeit nähern wir uns dem „Point of No Return“. Dem Zeitpunkt also, ab dem all unsere Maßnahmen die Klimaerwärmung abzubremsen, das Artensterben aufzuhalten und die Lebensräume zu erhalten, nicht mehr greifen werden. Dann werden wir unweigerlich Katastrophen ungeahnten Ausmaßes ausgesetzt sein.

Die vor uns liegende Mammutaufgabe ist nur gemeinsam mit allen Staaten der Weltengemeinschaft zu bewältigen. Alle Gesellschaftsschichten müssen hierzu beitragen. Es geht um nicht weniger als einen Quantensprung unseres Gesellschafts- und Wirtschaftssystems. Denken wir also darüber nach, was Wohlstand und Zufriedenheit wirklich für uns bedeuten. Eine Wahl, so scheint es, haben wir wohl ohnehin nicht mehr.

Leben im Überfluss

Die Wegwerfgesellschaft

Nach dem Zweiten Weltkrieg hat Europa, besonders die westlichen Alliierten, aber auch einige Wirtschaftsmächte im Osten, zum Beispiel Japan gefolgt von Südkorea, einen unvergleichlichen wirtschaftlichen Aufschwung erfahren. Ermöglicht wurde der Nachkriegsboom von einem bis dahin einmaligen Stimuluspaket in Höhe von 13,12 Milliarden US-Dollar, genannt nach dem damaligen US-Außenminister George C. Marshall, dem „Marshallplan“ (entspricht 2020 mehr als 140 Milliarden US-Dollar).

Der wirtschaftliche Aufstieg wurde begleitet von immer schneller voranschreitender technischer Entwicklung. In diesem positiven, vielversprechenden Umfeld wuchs wohl auch die Annahme, dass der Wohlstand nur noch eine Richtung kenne: nach oben. Zwar gab es zwischenzeitlich einige Rücksetzer, wie zum Beispiel die Ölkrise 1973, die dot.com-Blase oder die Finanzkrise 2008, um nur einige zu nennen. Aber alle diese Begebenheiten haben den unerschütterlichen Glauben an die fortgesetzte Wohlstandsentwicklung, einhergehend mit einem ungebrochenen Vertrauen an den technologischen Fortschritt, nicht mindern können.

Politiker, Investoren und Analysten drängen Unternehmer fortgesetzt, immer weiterzuwachsen und immer neue Märkte erschließen zu müssen und den Gewinn stetig zu steigern. Werden diese Erwartungen nicht erfüllt, verlieren börsennotierte Unternehmen innerhalb kürzester Zeit erhebliche Anteile ihres Unternehmenswertes. Geschicktes, manipulatives Marketing erzeugt immer neue Nachfrage. Die Haltezeit eines klassischen Telefons hat sich von Jahren auf unter einem Jahr bei der Nachfolgegeneration der „Smart Phones“ reduziert. Waschmaschinen, Kühlschränke und andere sogenannte weiße Ware, die in der Vergangenheit zehn bis 15 Jahre in einem Haushalt in Betrieb waren, werden mit dem Versprechen besserer, wirtschaftlicher Technik in der Hälfte der Zeit ersetzt. Die Modebranche präsentiert uns alle vier Monate eine neue Kollektion an Kleidungsstücken, die wir unbedingt kaufen müssen, um „trendy“ zu bleiben. Überproduktionen und Lagerbestände werden entweder vernichtet oder weit unter dem Ursprungspreis auf den Markt geworfen. Der Autor erinnert sich, wie Kunden in das Alsterkaufhaus in Hamburg 1976 zum Sommer- und Winterschlussverkauf stürmten und sich gegenseitig die reduzierte Ware aus den Händen rissen. An diesem Jagdinstinkt der Käufer/-innen hat sich bis heute nichts geändert.

Billig ist im Trend. Seit der Erfindung des Discounters im Einzelhandel ist Marketing ohne die Schlüsselworte „billig“, „Rabatt“, „reduziert“ oder „günstig“ nicht mehr denkbar. Der „Deal of the day“, der „Black Friday“ und „Cybersale“ verkünden, zuvor hochpreisige Waren und Dienstleistungen zu unschlagbar günstigen Preisen zu verschleudern und lassen auch bei dem bescheidensten Konsumenten die letzten Hemmungen fallen. Der billige Jakob auf dem Fischmarkt in Hamburg kann es nicht besser machen. Anfänglich assoziierte man die Lagerhallen ähnelnden Einzelhandelsläden, in denen die Massenware in offenen Kartons in einfachen Regalen angeboten wurden, mit niedriger Produktqualität (keine Markenwaren). Nur diejenigen mit niedrigen Einkommen kauften dort ein. Heute scheut sich auch die wohlhabende Klientel nicht, mit dem Mercedes oder Porsche vorzufahren, um ihren Haushaltsbedarf günstig einzudecken. Das Prinzip des Massenverkaufs mit hohen Umschlagraten hat viele Nachahmer gefunden. Möbel, Schuhe, Fotos und Bekleidung werden massenweise nach dem Discountprinzip vertrieben. Die Wettbewerber unterbieten sich wöchentlich mit immer neuen Sonderangeboten und regen zu vermehrtem Konsum an. Die Anpreisung „Kauf 3 für den Preis von 2“ lässt manchen Kunden zugreifen, obwohl er nur Bedarf für kleine Mengen hat. Woher die Ware kommt, wie nachhaltig die Produkte hergestellt wurden und wie man es schafft, ein T-Shirt für fünf Euro zu verkaufen, dass in Sri Lanka oder Bangladesch genäht wurde, wird kaum hinterfragt. Dollar Tree, ein amerikanisches Unternehmen, das seine Waren für einen Dollar feilbietet, kann sich vor Umsatz- und Gewinnwachstum kaum retten. Die Investoren werden mit kontinuierlich steigenden Kursen des an der NASDAQ gehandelten Unternehmens belohnt.

Die Konsumgesellschaft der Neuzeit hat sich zu einer Überfluss- und Wegwerfgesellschaft entwickelt. Defekte Geräte oder kaputte Kleidungstücke werden einfach entsorgt und durch ein neues Teil ersetzt; eine Reparatur ist heutzutage teurer. Amazon Europe vernichtet laut einer Recherche von Greenpeace, gestützt durch Nachforschungen des deutschen Fernsehmagazins *Frontal21* und der *Wirtschaftswoche*, Neuware und neuwertige Retouren vom T-Shirt bis zu Elektroartikeln vorzugsweise an streng geheim gehaltenen Standorten in Belgien und Deutschland, statt teure Lagerkapazitäten mit Ladenhütern zu blockieren.[14] Videoaufnahmen von Greenpeace und *Panorama* zeigen, wie verkaufsfertig verpackte Neuware und Retouren in den verborgenen Hallen zerstört und anschließend als Müll entsorgt werden. Zerstörung und Entsorgung neuwertiger Ware ist in Deutschland seit 2020 verboten. Allerdings fehlt bis zum Erscheinen dieses Buches immer noch eine Rechtsverordnung, die das Verbot tatsächlich durchsetzt.

Die Wertschätzung der Gegenstände, die wir konsumieren, ist verlorengegangen. Amazon ist nur ein Beispiel, das aufzeigt, wie gedankenlos wir in der modernen Welt konsumieren. Dass dieses Verhalten nachhaltig unsere Umwelt schädigt und uns langfristig unsere Lebensgrundlagen entzieht, wird trotz jahrzehntelanger Warnungen von Wissenschaftlern/-innen immer noch weitgehend ignoriert.

Falsche Anreize

Fehlgeleitete Subventionspolitik hat jahrzehntelang zu Überproduktion von Nahrungsmitteln in den entwickelten Industrieländern beigetragen. In den 50er Jahren des 20. Jahrhunderts wurde zur Ankurbelung der landwirtschaftlichen Produktion in der noch jungen europäischen Wirtschaftsgemeinschaft eine Subventionspolitik eingeführt, die 20 Jahre später zum berühmten „Butterberg" führte. An die staatlich garantierten Preise gewöhnt, investierten die Bauern deutlich mehr in Getreide und Vieh, als es der Markt verlangte. Die Folge: in den 1970er Jahren überstieg die Produktion von Milch, Fleisch und Getreide die Nachfrage deutlich. Die überschüssige Butter wurde in den Ländern der EWG[1] staatlicherseits eingelagert. Nur zur Weihnachtszeit wurden Bestände verbilligt im Einzelhandel angeboten. Es sollte bis 2007 dauern, die Lager zu leeren.[15]

1992 begannen die EWG-Staaten gegenzusteuern, indem man die Bauern nun dafür bezahlte, dass sie Flächen stilllegten.

---

[1] Die EWG = Europäische Wirtschaftsgemeinschaft war der Vorläufer der heutigen Europäischen Union und wurde 1957 mit der Vertragsunterzeichnung in Rom von Frankreich, Italien, Bundesrepublik Deutschland, Belgien, Niederlande und Luxemburg gegründet.

Diese staatlichen Eingriffe kosteten die Steuerzahler Milliardenbeträge. Dennoch ist die Mengensteuerung bis heute nicht gelungen. Der sogenannte „Schweinezyklus", der beschreibt, wie der Ausgleich von Angebot und Nachfrage über den Marktpreis einer Ware geregelt wird, wurde durch die Subventionspolitik ausgehebelt. Die staatlichen Eingriffe kamen nicht von ungefähr: Der Staat wollte die Versorgung seiner Bürger mit Lebensmitteln sicherstellen und zugleich den Bauern ein ausreichendes Einkommen verschaffen.

Die Vereinbarungen zur Gemeinsamen Agrarpolitik der Europäischen Union (GAP) führen unvermindert zu einer nicht an der Nachfrage orientierten Überflussproduktion. Überhöhte Viehbestände belasten unser Trinkwasser durch Überdüngung der Flächen mit Gülle und tragen wesentlich zur Erhöhung der Treibhausgase durch die Methanabsonderung der Tiere bei. Methangase haben nachweislich einen hohen Anteil an der Erderwärmung. Neben der Gülle kommen enorme Mengen an Pestiziden zur Sicherung der Ernte zum Einsatz und verseuchen unsere Böden nachhaltig. In den Jahren 2000 bis 2012 stieg der weltweite Einsatz von Pestiziden um 36 Prozent auf 4,2 Millionen Tonnen. Während die Verwendung der Chemikalien in Europa leicht rückläufig ist, hat sich die weltweite Gesamtmenge auf dem Niveau von 2012 eingependelt. Asien und mithin China (allein 42 Prozent Verbrauchsanteil) sowie Amerika gehören zu den größten Verwendern von Schädlingsbekämpfungsmitteln.[16]

Die Produktivitätssteigerung stößt an ihre natürlichen Grenzen durch Auslaugung der Böden. Wo nicht ausreichend natürliche Dünger zur Verfügung stehen, kommen anorganische Chemikalien zum Einsatz. 2019 lag der Verbrauch anorganischer Düngemittel bei 189 Millionen Tonnen – ein Anstieg von 40 Prozent gegenüber dem Jahr 2000. Im gleichen Zeitraum nahm die Weltbevölkerung lediglich um 26 Prozent zu. Die Hauptverbraucher von nichtorganischen Düngemitteln sind China, Indien, USA und Brasilien. Den größten Anstieg im genannten Zeitraum verzeichnete Afrika mit einer Steigerungsrate von 79 Prozent, jedoch mit drei Millionen Tonnen auf noch sehr niedrigem Niveau. Mit dem Einsatz von 351 Kilogramm Stickstoff, Phosphor und Kalium pro Hektar Anbaufläche ragt China auch innerhalb Asiens heraus, das bei 180 Kilogramm pro Hektar im Durchschnitt insgesamt liegt. Nur die Länder des Mittleren Ostens, wie Kuweit, Bahrain und Ägypten, verwenden noch weit mehr dieser Chemikalien pro Hektar Anbaufläche, um die Böden mit ausreichend Nährstoffen zu versorgen. Die Kehrseite dieser übermäßigen Nährstoffzufuhr sind die Belastung des Trinkwassers mit der Stickstoffverbindung Nitrat und die Emission von Lachgas, das ebenfalls signifikant zur Erderwärmung beiträgt.[17] Deutschland steht wegen der Nichteinhaltung des EU-weit festgelegten Grenzwertes für Nitrate von 50 Milligramm pro Liter seit Jahren in der Kritik. Im Zeitraum 2016 bis 2018 lag der Nitratwert bei rund 27 Prozent aller 692 bundesweit aufgestellten Messstellen bei über 90 Milligramm pro Liter. Nur knapp die Hälfte der Messstellen wiesen seit 2012 nahezu unverändert einen Wert unter 25 Milligramm pro Liter auf.[18]

Am 28. Juli des Jahres 2022 waren rechnerisch alle Ressourcen der Erde, die in einem Jahr regeneriert werden können, aufgebraucht. Auf das Jahr bezogen müsste die Weltbevölkerung 1,75 Erden haben, um den Bedarf an Grundstoffen zu decken. 1972 fiel das Schwellendatum noch auf den 14. Dezember. Die Welt war zu diesem Zeitpunkt fast noch in Ordnung.[19]

Nach Angaben der Welternährungsorganisation der Vereinten Nationen (FAO) gehen jährlich 14 Prozent der weltweit produzierten Lebensmittel auf dem Weg von der Ernte zum

Lebensmittelhandel verloren.[20] Weitere 17 Prozent werden vom Handel und den Konsumenten in den Müll geworfen (laut UN-Umweltprogramm UNEP 2021).[21] Insgesamt gehen auf dem Weg von der Ernte bis zum Teller ein Drittel aller Lebensmittel verloren. Gleichzeitig stieg die Zahl der an Hunger leidenden Menschen seit 2015 allen Bemühungen zum Trotz auf mehr als 760 Millionen im Jahr 2021 an.[22] Laut Bericht der FAO aus dem Jahr 2022 nahm der Anteil der hungernden Menschen in Afrika 2021 auf über 20 Prozent zu; das ist derselbe prozentuale Anteil wie 17 Jahre zuvor im Jahr 2005. Das entspricht knapp 280 Millionen Afrikanern. Zahlenmäßig wird dies nur von Asien mit mehr als 420 Millionen Hungernden übertroffen. Wie lange glauben wir, wird dieses Ungleichgewicht noch ausgehalten, bevor die Menschen dorthin wandern, wo es ausreichend Nahrung gibt, nämlich in Europa, in Amerika und China.

Kampf um die Lebensräume

Die Völkerwanderung hat längst eingesetzt. Seit Jahrzehnten wandern Menschen aus Lateinamerika illegal in die Vereinigten Staaten von Amerika ein. Dort erwarten sie bessere Lebensverhältnisse als in ihren Heimatländern. Donald Trump versuchte in seiner Zeit als Präsident der USA, das Land durch Mauern und Stahlzäune vor den Einwanderern zu schützen. Auch in Europa beobachten wir Abwehrreaktionen gegenüber Menschen, die wegen Hunger oder Krieg ihr Land verlassen und im goldenen Westen blühende Wiesen erwarten. Frontex, die Europäische Agentur für die Grenz- und Küstenwache, wurde 2016 weiter ausgebaut. Ihre Aufgaben wurden von der reinen Kontrolle der Migrationsströme auf Grenzschutz erweitert.[23]

Im Jahr 2021 haben knapp 200.000 Menschen versucht, illegal nach Europa einzuwandern. Vor allem aus Krisengebieten wie Syrien und Afghanistan, aber auch aus Tunesien, Marokko und Algerien.[24] Die Flüchtlingsströme werden dabei auch gezielt politisch instrumentalisiert. So wird Belarus unter dem Diktator Alexander Lukaschenko vorgeworfen, Migranten nach Belarus einfliegen zu lassen und sie mittels Schleuser über Polen oder die Balkanstaaten illegal nach Westeuropa zu verschaffen. Zum Schutz vor „Überflutung" durch Migranten haben die Länder der EU eine Vereinbarung mit der Türkei getroffen. Diese hält rund 3,8 Millionen Menschen in Lagern fest (Stand 2021) und verhindert dadurch, dass sie in die Mitgliedstaaten der EU einwandern. Dieses Lager ist laut dem Jahresbericht des Flüchtlingswerks der Vereinten Nationen (UNHCR) aus dem Jahr 2021 das größte weltweit.

Ende 2021 waren gemäß UNHCR-Bericht 89,3 Millionen Menschen weltweit auf der Flucht. Das ist die höchste Zahl an Flüchtlingen seit dem Zweiten Weltkrieg; sie ist doppelt so hoch als noch zehn Jahre zuvor.[25] Das UNHCR schätzt die Zahl der aus ihrer Heimat vertriebenen Menschen im Jahr 2022 bereits auf mehr als 100 Millionen Menschen. Neben den aus Machtkämpfen und historisch begründeten Konflikten verursachten Flüchtlingsbewegungen lässt der Kampf um Nahrung und Ressourcen eine zig-fach höhere Völkerwanderung in den nächsten Jahrzehnten erwarten.

Die Inselgruppe Tuvalu schafft es am 10. November 2023 in die Schlagzeilen der Nachrichtenagenturen. Der Inselstaat im Pazifischen Ozean beherbergt auf neun Inseln rund 11.500 Einwohner. Das Commonwealth-Mitglied könnte in weniger als 100 Jahren das erste Opfer des kontinuierlich ansteigenden Meeresspiegels werden. Der höchste Punkt der Inselgruppe liegt nur noch fünf Meter über dem Meeresspiegel. Australien hat seine Bereitschaft erklärt, die Klimaasylanten aufzunehmen.[26]

Im Jahr 2015, als Kriegsflüchtlinge und -vertriebene aus Syrien in die EU und vor allem nach Deutschland strömten, war die Stimmung der Bevölkerung noch mehrheitlich von „Wir schaffen das“ unter der ehemaligen Bundeskanzlerin Angela Merkel geprägt. Acht Jahre später und ein Jahr nach dem Überfall Russlands auf die Ukraine steht die Stimmung am Kipppunkt. Kommunen stöhnen unter der Last der einströmenden Asylanten und Flüchtlinge. Länder wie Ungarn und Polen verweigerten die Aufnahme von Migranten schon 2015.

Ungarns Ministerpräsident Viktor Orban sprach auf dem EU-Gipfel im Juni 2023 bereits von einem „Freiheitskampf“ gegen die EU-Asylpolitik und einem „Migrationskrieg“ in Bezug auf die Debatte um die Verteilung von Asylanten und Flüchtlingen auf die Mitgliedstaaten.[27] Zypern hält dem wachsenden Zustrom illegaler Einwanderer aus Syrien, Nigeria und der Türkei kaum noch stand. 60 Proeznt der nicht asylberechtigten Flüchtlinge, die ihr Glück über die östliche Mittelmeerroute suchen, landen in Zypern.[28] In Deutschland, Italien, Frankreich und anderen EU-Mitgliedsstaaten wird der Ruf nach Begrenzung der Aufnahme von Asylanten und Flüchtlingen immer lauter. Politiker aller Couleur sehen sich zum Handeln genötigt, wollen sie ihre Wähler nicht verlieren und den deutlich spürbaren Unmut in der Bevölkerung nicht ausbrechen lassen.

Um den Zusammenhalt der Mitgliedstaaten nicht zu gefährden, schlug die EU-Kommission im September 2020 dem EU-Parlament ein neues Migrations- und Asylpaket vor. Im Kern ging es um die Verstärkung der EU-Außengrenzen, die Bekämpfung unerlaubter Einreise durch ein Screeningverfahren bereits an den Außenflanken, die mögliche Durchführung von

Asylverfahren in Drittstaaten – die dafür natürlich entlohnt werden –, damit nichtberechtigte Personen gar nicht erst die lebensgefährliche Reise in die EU antreten – so die Hoffnung, die Festlegung einer größeren Zahl sogenannter sicherer Herkunftsländer und die effektivere Rückführung von Migranten ohne Aufenthaltsrecht in diese Länder.[29]

Im April 2023 einigte sich das Parlament auf eine neue Verordnung für einen neuen Asyl- und Migrationspakt und war nun bereit, Verhandlungen mit dem Rat aufzunehmen.[30] Im April 2024 stimmte das EU-Parlament der Reform des gemeinsamen Asylsystems mit Mehrheit zu. Doch viele Parlamentarier teilen die Sorge, dass zu den politisch Verfolgten und Kriegsvertriebenen in den kommenden Jahren zunehmend auch Klimaflüchtlinge den Weg in die EU-Staaten suchen. Es ist zu befürchten, dass dann auch die letzten humanitären und solidarischen Hemmungen zugunsten des eigenen Wohlbefindens fallen werden.

Das Aufhalten der Erderwärmung und mithin die Eindämmung der zunehmenden Naturkatastrophen und der Zerstörung von Anbauflächen sowie die Sicherstellung der Lebensmittelversorgung in den gefährdeten Gebieten der Welt ist eine unabdingbare Voraussetzung zur Verhinderung des geschilderten Flüchtlingsszenarios.

In Anerkennung der Auswirkungen des Klimawandels haben die teilnehmenden 154 Staaten auf der Klimakonferenz 2023 in Dubai beschlossen, einen Fonds zu gründen, der die ärmeren und weit überwiegend unverschuldet betroffenen Länder für Verluste und Schäden entschädigen soll. Die initial während der Konferenz zugesagten 700 Millionen US-Dollar sind ein Tropfen auf den heißen Stein im Vergleich zu den bereits vereinbarten jährlichen 100 Milliarden Dollar, die die Mitgliedsländer für Maßnahmen zur Begrenzung der Erderwärmung und Bekämpfung der Folgen des Klimawandels als notwendig erachten.

Die Weltklimakonferenz 2023 hat den Unmut der leidtragenden Länder Afrikas und Asiens über die geringen Fortschritte der großen Wirtschaftsmächte und Hauptverursacher der Treibhausgasemissionen deutlich werden lassen. Mit Geld allein lassen sich die verursachten Schäden und zunehmenden Folgen für diese Bevölkerungsgruppen nicht ausmerzen.

Wir müssen unsere Verhaltensweise, unsere Einstellung zu Konsum und zu den Wertvorstellungen von Reichtum, Erfolg, Glück und Zufriedenheit neu justieren. Das uns dies nicht leicht fällt, liegt auf der Hand. Wir haben die Grenzen dessen, was uns dieser Planet Erde als Lebensgrundlage zur Verfügung stellt, jedoch bereits überschritten. Gemeinsames Handeln und Neudenken unserer Wirtschaftsprinzipien ist das Gebot der Stunde. Nachhaltigkeit und umweltverträgliches Handeln müssen im Zentrum dieses neuen Wirtschafts- und Gesellschaftsmodells stehen.

Wachstum auf Pump

Die Finanzierung von größeren Anschaffungen mittels eines Kredits hat eine lange Tradition. Erste Leihgeschäfte sind bereits vor mehr als 5.000 Jahren dokumentiert.[31] Bauern liehen sich Saatgut und tilgten ihre Schulden nach der Ernte durch Rückgabe neuen Samens plus einem Mengenaufschlag als Zins. Der Investitionskredit war geboren. Eine riskante Angelegenheit für den Kreditnehmer. Denn nur, wenn günstige Wetterbedingungen eine reiche Ernte bescherten, war der Bauer in der Lage, seinen Kredit zu bedienen. Nur allzu oft ging die Rechnung nicht auf, und der Bauer verlor Hab und Gut. Kaiser, Könige und Regierungen finanzierten und finanzieren heute noch Kriege und ihre politischen Visionen über Kredite. Im Wirtschaftssystem nehmen Staatsinvestitionen eine bedeutende Rolle ein. Reichen die Steuern nicht, gibt man gut verzinste Staatsanleihen aus, um ein Vorhaben zu finanzieren. Geld zu leihen ist uns so vertraut wie das Hemd und die Hose, die wir täglich anlegen.

Seit der Erfindung des Ratenkredits ist es uns zur Gewohnheit geworden, den Gegenstand unserer Begierde bereits dann zu erwerben, wenn wir noch gar nicht über die notwendigen finanziellen Mittel verfügen. Kaufe jetzt, bezahle später. Im Jahr 1807 führte das damals älteste Möbelhaus der USA, Cowperthwait & Sons, den Kauf eines Artikels mittels Zahlungsplan in New York City ein.[32] Die Idee, dem Käufer die Bezahlung des Produktes über eine gewisse Zeit in gleichbleibenden Raten zu ermöglichen, war eine kluge Marketingentscheidung. Auf diese Weise den Umsatz anzukurbeln, fand schnell Nachahmer und ist heutzutage aus dem Geschäftsleben nicht mehr wegzudenken. Ob große oder kleine Wünsche, nahezu alles lässt sich heutzutage per Zahlung auf Raten erfüllen. Dabei gerät manch einer in die Schuldenfalle, wenn die einkalkulierten Einnahmen wegfallen oder deutlich niedriger ausfallen als erwartet. Der Konsumentenkredit mit all seinen Facetten ist sehr eng mit dem Wachstumsgedanken der Wirtschaftssysteme verbunden. Zwischen 1991 und 2022 haben sich die allein an Privatpersonen vergebenen Kredite in Deutschland auf knapp 1.496 Milliarden Euro, also beinahe 1,5 Billionen Euro, mehr als verdreifacht.[33] Die Konsumausgaben privater Haushalte beliefen sich 2022 laut Statista auf 1,92 Billionen Euro.[34] Das Bruttoinlandsprodukt als Messgröße für die in einem Jahr erzeugten Waren und Dienstleistungen Deutschlands hat sich im gleichen Zeitraum von knapp 1,6 Billionen Euro (1991) auf fast 3,9 Billionen Euro (2022) nominal nur etwas mehr als verdoppelt, preisbereinigt jedoch nur um das 1,4-fache erhöht.[35] Im Jahr 2022 wurden demnach 38,6 Prozent des BIP über private Kredite finanziert.

Grundsätzlich ist die Aufnahme eines Darlehens nicht zu beanstanden. Forschung und Entwicklung von Unternehmen verschlingen oft Milliarden-Summen, die erst nach mehreren Jahren wieder eingespielt werden können. Wie schon vor 5.000 Jahren hat die Vergabe von Mikrokrediten in ärmeren Ländern bewirkt, dass sich die dortige Bevölkerung eine eigene Lebens- und Arbeitsgrundlage schaffen konnte. Staaten finanzieren ihre Großprojekte und Haushalte regelmäßig über die Vergabe von zehn- bis 30-jährigen Anleihen, die dem Anleger, so die allgemeine Einschätzung, ein gesichertes und regelmäßiges zusätzliches Einkommen bescheren. Kritisch wird es, wenn die Kreditaufnahme ausufert und wir nicht erwarten können, dass das Fremdkapital je wieder zurückgezahlt werden kann. In einer solchen Situation befinden wir uns heute.

Die Schuldenfalle

Im November 2023 erklärt das Bundesverfassungsgericht Deutschlands die Umwidmung eines Kredites in Höhe von 60 Milliarden Euro, der 2021 für zusätzliche Ausgaben während der Corona-Pandemie von der Regierung als Notlagebedarf aufgenommen wurde (zu diesem Zweck war die Schuldenbremse ausgesetzt worden), in einen Fond für reguläre Klimaschutzmaßnahmen für verfassungswidrig. Ein Paukenschlag in der Geschichte der Bundesrepublik, der seinesgleichen sucht.

Das Bundesverfassungsgericht sah in der Zweckentfremdung des Kredits einen Verstoß gegen die im Gesetz vorgesehene Ausnahmeregelung zur Schuldenbremse in Notlagen.[36] Zu letzteren gehören nicht die regulären Ausgaben des Bundeshaushalts und mithin nicht die Finanzierung von geplanten Klimaschutzprogrammen und die Übertragung des Notkredits in einen Klima- und Transformationsfonds, der im Übrigen nicht Teil des Bundeshaushaltes ist, sondern als Sondervermögen und Nebenhaushalt geschaffen wurde. Zur Bekämpfung der Corona-Pandemie hatte die Bundesregierung Kredite aufnehmen müssen, die die Schuldenbremse um insgesamt 240 Milliarden Euro überstiegen. 60 Milliarden Euro wurden letztlich nicht benötigt und sollten stattdessen in Projekte zur Forcierung der Energiewende fließen, die nun schmerzhaft fehlten.

Die Schaffung von Sondervermögen ist nach dem Grundgesetz der Bundesrepublik Deutschland durchaus möglich. Diese müssen aber ihrem Zweck und Umfang nach klar definiert, aus dem Kernhaushalt nicht effizient erfüllbar sein und eine Ausnahme darstellen.[37] Tatsächlich bewirtschaftet die deutsche Bundesregierung 29 Sondervermögen laut Bericht des Bundesrechnungshofes im Jahr 2023 – viele davon mit eigener Kreditermächtigung.[38] Das Bundesverfassungsgericht hat mit dem genannten Urteil die Auffassung des Bundesrechnungshofes gestärkt, dass die Aufstellung von Sondervermögen die Transparenz des Kernhaushaltes verwässert, welcher deutlich mehr im Fokus von Parlament und Öffentlichkeit steht, und dass die Umgehung der Schuldenbremse kein Kavaliersdelikt ist. Die Bundesregierung hatte 2022 mit dem zweiten Nachtragshaushaltsgesetz 2021 auch gleich versucht, sich für zukünftige Jahre mehr finanziellen Spielraum, vor allem für die Transformation in eine klimaneutrale Wirtschaft, unter Ausnutzung der Notlageklausel und Aushebelung der Schuldenregel durch eine neue Buchungspraxis, in zukünftigen Haushaltsperioden zu verschaffen. Das Bundesverfassungsgericht hat dieses Vorgehen, das die Mehrheit des deutschen Bundestages abgesegnet hatte, abgeschmettert und für verfassungswidrig erklärt. Mit erheblichen Auswirkungen für die Haushaltsplanung ab 2024.

Der Begriff Sondervermögen selbst ist bereits irreführend, da die überwiegende Zahl der Nebenhaushalte mit 780 Milliarden Euro kreditfinanziert ist.[39] Bis zum Jahr 2009 waren Sondervermögen eine Möglichkeit pfiffiger Finanzminister, die sogenannte „Goldene Regel“ zu umgehen. Diese legte fest, dass die Nettokreditaufnahme des Bundes die Summe der im Haushaltsplan veranschlagten Investitionen nicht übersteigen dürfe. Die Richtlinie sah eine Ausnahme für Extrahaushalte vor und stellte nach Reischmann[40] einen Anreiz für Bund und Länder zur Verschuldung außerhalb ihrer Kernhaushalte dar.[2] Während die Öffentlichkeit meist die Haushaltsdefizite im Blick hat, bleibt eher unbemerkt, dass die Neuverschuldung einer Haushaltsperiode oftmals weit darüber hinausgeht, nämlich über die Sonderhaushalte. Die Transparenz der Staatsverschul-

---

[2] Diese Praxis wurde mit Einführung einer Schuldenobergrenze – 0,35 Prozent des nominalen BIP – 2010 abgeschafft.

dung wird dadurch eingeschränkt.[41] Der Bundesrechnungshof bemängelt in seinem Bericht vom 25. August 2023 über die Sondervermögen, dass deren Ende 2022 noch nicht ausgeschöpften Kreditermächtigungen mit rund 522 Milliarden Euro das Fünffache der im Finanzplanungszeitraum 2023 bis 2027 ausgewiesenen Kreditaufnahme beträgt. Die Verschleierung der tatsächlichen Nettokreditaufnahme (NKA) wird deutlich, wenn man die in den Haushaltsplänen ausgewiesene NKA unter Einbeziehung der Sonderhaushalte vergleicht. Während der Haushaltsplan 2023 nur eine Neuverschuldung von 45,6 Milliarden Euro ausweist, liegt die NKA unter Berücksichtigung der Sondervermögen bei 192,8 Milliarden Euro. Das ist eine Abweichung von über 422 Prozent. Im Jahr 2022 veranschlagte der Bundesrechnungshof die Abweichung auf über 69 Prozent.

Der Bundesrechnungshof mahnt: „Die budgetflüchtigen Ausgaben und ihre ebenfalls budgetflüchtige Kreditfinanzierung gefährden das parlamentarische Budgetrecht und die Wirksamkeit der Schuldenregel. Das Parlament (aber auch die Öffentlichkeit) droht den Überblick und damit auch die Kontrolle zu verlieren."

Seit Aufzeichnungen des Statistischen Bundesamtes hat sich die Gesamtverschuldung Deutschlands von 9,6 Milliarden Euro im Jahr 1950 auf 2.408.626.000.000 Euro (2,4 Billionen Euro) im Juni 2023 um mehr als das 250-fache aufgebläht. Dabei ist der Anteil des Bundes von anfänglich 35 Prozent der Gesamtverschuldung auf 69 Prozent im Jahr 2023 angewachsen. Mit immer neuen Investitions- und Konjunkturprogrammen greift der Staat immer stärker in die Wirtschaft ein, und nebenbei werden darin auch Wahlgeschenke der regierenden Parteien an ihre Klientel versteckt. Auch Länder und Gemeinden haben sich seit der Nachkriegszeit bis heute massiv verschuldet: von 6,1 Milliarden Euro 1950 auf 594,4 Milliarden Euro per Juni

2023 (Länder) und 0,1 Milliarden Euro auf 144,7 Milliarden (Gemeinden). Bis zum Jahr 2012 stieg die Verschuldung der öffentlichen Gesamthaushalte unentwegt an. Dabei waren insbesondere die finanziellen Belastungen nach der Wiedervereinigung 1990 bis 1995, sowie die Finanzkrise 2008/2009 herausfordernde Ereignisse, die sich in der Schuldenaufnahme widerspiegelten. Von 2013 an begann die bundesdeutsche Regierung die Verschuldung durch Tilgung zu verringern. Mit Ausbruch der Corona-Pandemie waren diese Bemühungen perdu. Rund 170 Milliarden Euro Schuldenabbau wurden bis 2023 mit erneut 509 Milliarden an Krediten überkompensiert. Mithin wurde die Schuldenregel gemäß Art. 109 Absatz 3 GG in den Jahren 2020 bis 2022 aufgrund der besonderen Notlage ausgesetzt. Trotz des Versuchs ausgeglichener Haushalte in der Mittelfristplanung 2024 bis 2027 soll der Schuldenberg allein des Bundes um 63 Milliarden Euro anwachsen (laut Ausweis der Haushaltsplanung des BMF)[3]; entsprechend der Projektion des Finanzministeriums auf dann 65,5 Prozent des preisbereinigten Bruttoinlandproduktes. 5,5 Prozent über dem Konvergenzkriterium des Maastricht Vertrages.[4]

Während eine nicht unbedeutende Zahl an Politikern und Experten angesichts aufkommender Rezessionsängste seit 2023

---

[3] Wir haben bereits auf die geminderte Aussagekraft aufgrund der ungenügenden Berücksichtigung der Finanzierungsbedarfe für die Sondervermögen hingewiesen.

[4] Die Konvergenzkriterien des Maastricht-Abkommens sehen vor, dass das gesamtwirtschaftliche Finanzierungsdefizit eines Mitgliedsstaates im Jahr nicht über drei Prozent des Bruttoinlandsprodukts steigen darf. Des Weiteren soll der Schuldenstand des Mitgliedstaates die Grenze von 60 Prozent des eigenen Bruttoinlandprodukts nicht überschreiten. Bis zur Corona-Krise im Jahr 2020 befand sich Deutschland auf einem stabilen Weg des Schuldenabbaus und erfüllte 2019 zum ersten Mal seit dem Jahre 2002 das Maastricht-Kriterium des Schuldenstands.

weitere Investitionen des Staates und eine erneute Aussetzung der Schuldenregel fordern, opfern die Regierungen ihre Handlungsfähigkeit in der Zukunft. Nicht nur, dass die Schulden eines Tages zurückgeführt werden müssen zu Lasten der zukünftigen Haushalte, auch die Zinszahlungen fehlen für andere wichtige Aufgaben. Nach mehr als zehn Jahren der Niedrigzinsphase, während der sich der deutsche Staat – und andere Länder – zu null Prozent Zinsen leicht verschulden konnte, sind die Zinsen in Europa bereits auf über drei Prozent angestiegen. Die Zinszahlungen, die 2021 mit 0,71 Prozent Anteil am Gesamthaushalt auf 3,9 Milliarden Euro gesunken waren, betrugen im Jahr 2022 schon wieder 15,3 Milliarden Euro (3,2 Prozent des Gesamthaushaltes) und schlugen im Haushaltsplan 2023 mit erwarteten 39,9 Milliarden Euro zehnmal höher zu Buche.[42] Damit ist der Posten im Bundeshalt 2023 der vierthöchste, fast gleichauf mit den Ausgaben für die allgemeine Finanzverwaltung, nach Sozial- und Verteidigungsausgaben und fast doppelt so hoch wie die Ausgaben für Bildung und Forschung.

In den Jahren ab 2028 wird sich dieser Posten signifikant erhöhen, nämlich um die gesetzlich verankerten Tilgungszahlungen der Kreditaufnahmen aus den Jahren 2020 bis 2022 und der Sondervermögen. Die Annuitäten werden als zweitgrößter Haushaltsposten auch den Verteidigungshaushalt übersteigen. Reguläre Aufgaben sind schon heute kaum noch zu stemmen, wie uns sanierungsbedürftige Schulgebäude, ein marodes Schienennetz und einsturzgefährdete Autobahnbrücken täglich vor Augen führen.

Während des Schreibens dieses Kapitels berichten die Medien, dass die Regierung aufgrund des geschilderten Verfassungsgerichtsurteils die Kreditlinie 2023 über die ursprünglich geplante Verschuldung hinaus unter Aussetzung der Schuldenbremse um ca. 70 Milliarden Euro erhöhen will. Die Konvergenzkriterien werden 2023 und sehr wahrscheinlich auch 2024 erneut nicht erreicht werden.

Too big to fail

Die massiven Eingriffe des Staates in das Wirtschaftsgeschehen verhindern, dass sich die Anpassungsmechanismen der freien Marktwirtschaft im erforderlichen Umfang entfalten können. Unternehmen, die sich den harten Marktbedingungen stellen und ihre Strukturen und Geschäftsmodelle anpassen müssten, verlassen sich nun darauf, vom Staat aufgefangen zu werden. Seit der Finanzkrise 2008 gilt eine große Zahl von Banken als systemrelevant – „too big to fail". Um massenweise Insolvenzen und einen Bank-Run zu vermeiden, wurde 2008 der Finanzmarktstabilisierungsfonds mit einer Kreditermächtigung von 480 Milliarden Euro ins Leben gerufen, davon 400 Milliarden Euro für Garantien und 80 Milliarden Euro für Beteiligungen. Zeitweise wurden bis zu 25 Prozent der Bilanzsumme der deutschen Kreditwirtschaft durch Maßnahmen des Finanzmarktstabilisierungsfonds (FMS) stabilisiert.[43] Der FMS war eine notwendige Sofortmaßnahme angesichts der weltweiten Bankenpleiten, ausgelöst durch hochriskante Spekulationen amerikanischer Banken im Immobiliensektor, die im Zuge des Platzens der Immobilienblase in Schieflage gerieten.

Die weltweite Ausdehnung des anfänglich nur regionalen, auf dem amerikanischen Kontinent liegenden Problems erschütterte das Vertrauen in das Finanzsystem bis ins Mark und wirkt noch heute nach. Die mangelnde Bereitschaft der Banken, sich untereinander Geld zu leihen und die restriktive Haltung bei der Kreditvergabe an Unternehmen führten in der Folge auch zu einem zwar kurzzeitig, aber massiven Wirtschaftseinbruch, wie ihn Deutschland nach dem Zweiten Weltkrieg nicht erlebt hatte. Die deutsche Wirtschaft schrumpfte 2009 um fast sechs Prozent, der Euroraum brach um 4,5 Prozent ein.[44] Zehn Jahre später sitzt der Schock immer noch tief. Die Corona-Pandemie brachte die Weltwirtschaft erneut ins Wanken. Die deutsche Wirtschaftsleistung verminderte sich um knapp vier Prozent, der Euroraum um 6,1 Prozent. Diesmal erwischte es fast alle Volkswirtschaften. Das weltweite Bruttoinlandsprodukt sank im Jahr 2020 um 2,8 Prozent. Die Antwort auf diese Weltwirtschaftskrise waren erneut gewaltige staatliche Finanzspritzen. Ein Abdriften in eine langanhaltende Rezession mit hoher Arbeitslosigkeit sollte um jeden Preis vermieden werden. 2023, die Pandemie war kaum verdaut, kriselte es erneut.

Der Überfall Russlands auf die Ukraine entwickelt sich zu einem, vom Aggressor nicht erwarteten, mehrjährigen Stellungskrieg und löste eine Energiekrise aus, von der besonders die vom Russlandgas abhängige Bundesrepublik betroffen ist. Nur kurz darauf entbrannte im Nahen Osten ein militärischer Konflikt zwischen Israel und der Terrororganisation Hamas im Gazastreifen mit Potential, die gesamte Region in den Strudel zu reißen.

In dieser Gemengelage fällt nun auch die Wirtschaftsleistung Chinas zur Stütze der Weltwirtschaft weg. Dem langjährig anhaltenden Bauboom als wesentlichem Treiber der chinesischen Wirtschaft ist die Luft ausgegangen. Große Baukonzerne stehen vor der Zahlungsunfähigkeit. Unter den Eindrücken des letzten Jahrzehnts und den enormen Versäumnissen, den deutschen Industriestandort wettbewerbsfähig zu erhalten, Digitalisierung und Transformation hin zu einer klimaneutralen Wirtschaft voranzutreiben, ist es nicht verwunderlich, wenn Politiker panisch reagieren, sobald ein Unternehmen aufgrund seiner Schieflage mit Arbeitsplatzabbau droht und Staatshilfe einfordert. Arbeitsplätze und eine Vollbeschäftigung tragen wesentlich zur Sicherung des sozialen Friedens bei.

Über die aufgeheizte Stimmung in dieser Zeit im Zusammenhang mit der Migration wurde in diesem Buch schon berichtet. Nach einer Mitteilung der Europäischen Kommission wurden EU-weit bis Ende 2022 170 nationale Maßnahmen im Umfang von 540 Milliarden Euro zur Unterstützung von Unternehmen bewilligt.[45] Die Maßnahmen umfassen günstige Darlehen, Zuschüsse, Bürgschaften und Beteiligungen. Dabei steht Deutschland mit einem Anteil von 49 Prozent an erster Stelle vor Frankreich (30 Prozent) und Italien (fünf Prozent). Dem German Business Panel (GBP) zufolge – einer deutschen Forschungsgemeinschaft mit mehr als 100 Wissenschaftlern – riefen während der Energiekrise 2023 gerade wieder diejenigen Unternehmen nach Staatshilfen, die bereits von den Corona-Hilfen profitiert hatten.[46]

Insbesondere Großkonzerne mit hunderttausenden von Mitarbeitern nutzen ihre Dominanz und bewerten sich als systemrelevant. Der gesamte Mittelstand und im Besonderen die zahlreichen Handwerksbetriebe fallen durch das Rost. Die Ampel-Regierung fühlt sich genötigt, den Unternehmen erneut unter die Arme zu greifen. Dabei ist das Pulver längst verschossen. Das unternehmerische Risiko wird ohne Scham auf den Staat und damit die Allgemeinheit abgewälzt.

Die Sackgasse

Erneut bemühen deutsche Politiker das Schreckensbild einer Rezession, um das wiederholte Aussetzen der Schuldenbremse oder zumindest einer Ausdehnung zu rechtfertigen. In Anbetracht des notwendigen Umbaus der nationalen Wirtschaft auf ein nachhaltiges Modell halten zahlreiche prominente Politiker und Experten die erst 2010 eingeführte Schuldenregel für nicht mehr zeitgemäß. Sie verhindere (Staats-)Investitionen in die Zukunft. Nach dem bereits erwähnten Urteil des Bundesverfassungsgerichtes sehen die Bundeshaushälter keinen anderen Ausweg, als 2023 zur Notlage zu erklären und neue Schulden zu legitimieren.

Der aufgeschüttete Schuldenberg kann nur durch fortgesetzte Refinanzierung, das heißt, Verschiebung der Schuldenlawine in die Zukunft, Steuererhöhungen und höhere Einnahmen aus dem Wachstumseffekt der Wirtschaft bewältigt werden. Höhere Steuern sind kein sehr populäres Mittel zur Bekämpfung der Haushaltsdefizite. Die Politik setzt daher weiter auf fortgesetztes Wirtschaftswachstum. Infolgedessen sind wir aufgefordert, unseren Konsum unvermindert weiter in die Höhe zu treiben. Aber hilft dies wirklich, aus der finanziellen Umklammerung herauszukommen?

Ein Blick über den Teich liefert uns mit regelmäßiger Wiederholung ein weithin beachtetes Schauspiel, aufgeführt von der Regierung der Vereinigten Staaten von Amerika. Im Mai 2023 wandte sich Finanzministerin Janet Yellen an den republikanischen Mehrheitsführer im Repräsentantenhaus und teilte ihm mit, dass die Regierung voraussichtlich zum 1. Juni desselben Jahres ihren Zahlungsverpflichtungen nicht mehr nachkommen kann. Die Schuldenobergrenze, die im Januar 2023 mit 31,5 Billionen Dollar bereits erreicht wurde, ließ ohne Zustimmung von Repräsentantenhaus und Kongress keine weitere Erhöhung zu. Ein Zahlungsausfall, so die Wirtschaftswissenschaftlerin und ehemalige Präsidentin der amerikanischen Zentralbank, könnte ein weltweites Finanzbeben auslösen, Finanzmärkte einbrechen lassen und weltweit Panik auslösen.[47]

Das Theaterstück wurde schon mehr als 100-mal aufgeführt. So oft wurde die Schuldenobergrenze des US-Bundeshaushaltes seit ihrer Einführung 1917 während des Ersten Weltkrieges wieder und wieder angehoben. Diesmal haben sich die Abgeordneten beider Häuser gar auf eine Aussetzung der Schuldenobergrenze bis 2025 geeinigt, allerdings bei quasi eingefrorenem Budget. Es wird nicht das letzte Mal bleiben, dass die Schulden weiter erhöht werden.

Das Congressional Budget Office (CBO) prognostiziert für 2023 ein Haushaltsdefizit von 1,5 Billionen Dollar. Bis 2033, so die Vorausschau, wird sich das Defizit auf 2,7 Billionen Dollar nahezu verdoppelt haben.[48] Gemessen am Bruttoinlandsprodukt (BIP) erhöht sich die Unterdeckung von sechs auf 6,9 Prozent in 2033 – deutlich über dem 50-jährigen Durchschnitt von 3,6 Prozent, wie der Bericht feststellt. Der Schuldenstand wird infolgedessen von 98 Prozent des BIP auf dann 119 Prozent ansteigen – mit 46,7 Billionen Dollar den höchsten statistisch je erfassten Schuldenstand der USA. Ein Ende ist nicht abzusehen. Zum Vergleich: Der Internationale Währungsfonds schätzt das Bruttosozialprodukt der Europäischen Union im Jahr 2023 auf 17,8 Billionen Euro.

Schulden machen ist en vogue. Alle machen es und alle begründen es in gleicher Weise: notwendiger Umbau der Wirtschaft, Bekämpfen einer sich abzeichnenden Rezession, Erhalt des sozialen Friedens. Die Spendierfreudigkeit kennt keinen Halt. Von 1947 bis 2008 (dem Jahr der weltweiten Finanzkrise) war das amerikanische Haushaltsloch von jährlich 2,5 Prozent gemessen am BIP nur zweimal höher, in den folgenden 14 Jahren bereits neunmal.[49] Die Projektion des CBO lässt erwarten, dass wir den historischen Wert nicht wieder erreichen werden.

Die nächste Pandemie, der nächste weitreichende militärische Konflikt oder die nächste Naturkatastrophe sind mit an Sicherheit grenzender Wahrscheinlichkeit auch in den kommenden Jahrzehnten zu erwarten. Die Regierungen weltweit haben sich durch den fortgesetzten Schuldenaufbau auf gefährliche Weise ihrer Handlungsmöglichkeiten beraubt und führen uns in eine Sackgasse, die immer mehr Wachstum fordert.

Die Geldschwemme

Wer einen Kredit aufnimmt, muss einen willigen Geldgeber finden. Zur Deckung seines Haushaltsdefizits emittiert ein Staat üblicherweise Staatsanleihen, die je nach Bonität des Staates eine sichere und normalerweise gut verzinste Anlage eines Investors darstellt. Dabei entzieht der Staat mit der Vergabe der Anleihen den Anlegern Geld, das ansonsten für konsumtive Zwecke ausgegeben würde, und finanziert stattdessen Investitionen, die der Allgemeinheit zu Gute kommen. In großen Perioden gedacht ist dies ein Nullsummenspiel in Bezug auf die verfügbare Geldmenge. Wenn aber dem Geldhunger des Staates nicht genügend Sparvermögen entgegensteht, kommt die Notenbank ins Spiel. Sie ist in der Lage, Geld zu erzeugen, ohne dass der Staat dafür eine Gegenleistung erbringen muss.

Die 2007 durch das Platzen der US-amerikanischen Immobilienblase ausgelöste Finanz- und in der Folge Euro- und weltweite Wirtschaftskrise liess alle geld- und finanzpolitischen Dämme einbrechen. Hochriskante Spekulationen von Banken mit Derivaten, die durch Hypothekenkredite und Schuldverschreibungen niedrigster Bonität besichert waren – sogenannte Asset Backed Securities (ABS) – führten einige amerikanische Banken[5] in die Insolvenz. Das Fass zum Überlaufen brachte 2008 die Pleite der US-amerikanischen Investmentbank Lehmann Brothers in New York. Weder die britische Barclays Bank als Großinvestor, noch der damalige amerikanische Finanzminister Henry Paulson waren bereit, weitere Gelder zur Abwendung des Konkurses bereitzustellen. Die Folgen dieses scheinbar lokalen Ereignisses offenbarten die Fragilität des weltweiten Finanzsystems. Reihenweise mussten Banken auf allen Kontinenten hohe Abschreibungen auf ihre Anlagen vornehmen und gerieten in die Insolvenz. Die Finanzkrise mündete sogar in Staatskonkurse, Griechenland 2012 und erneut 2015, Irland 2011. Italien, Spanien und Portugal wurden durch Rettungspakete vor der Zahlungsunfähigkeit bewahrt.

Die um sich greifende Pleitewelle der Banken führte dazu, dass keine Bank der anderen Bank mehr vertraute – der Interbankenhandel kam kurzfristig zum Stillstand. Die Zentralbanken der USA, der EU und Japans intervenierten mit massiven Geldspritzen. Die Europäische Zentralbank EZB alleine griff mit einem Geldsegen von 335 Milliarden Euro ein[50] und erlaubte den Notenbanken der Mitgliedsländer, zu niedrigen Zinsen fast unbegrenzt frisch gedrucktes Geld zu verleihen.[51] Um dem Bankensterben Einhalt zu gebieten und den in die Bredouille geratenen Staaten – zuvorderst Griechenland und Irland – und Unternehmen in der Finanz- und Wirtschaftskrise ausreichend Liquidität zur Verfügung zu stellen – die die Kapitalgeber diesen Ländern entzogen hatten –, entschieden die Regierungen der Europäischen Union, einen Rettungs-

---

[5] Bear Stearns, Fannie Mae und Freddie Mac waren die ersten großen Banken, die aufgrund des hohen Wertverlustes der Strukturanlagen Konkurs anmelden mussten, wurden jedoch durch Staatshilfen gerettet.

schirm nach dem anderen aufzuspannen. [6] Mit den ersten beiden Rettungspaketen 2010 und 2011 in Höhe von insgesamt 225 Milliarden Euro verschuldete sich Griechenland mit 111 Prozent des Bruttoinlandsproduktes. Davon profitierten vor allem französische Gläubiger, die mit 112 Milliarden Euro investiert waren.[52] Zeitgleich wurden im März und Mai 2010 die Europäische Finanzstabilisierungsfazilität (EFSF) mit einem Gesamtfinanzierungs- und Garantierahmen von 780 Milliarden Euro und das Securities Markets Programme (SMP) mit einem Volumen von 218 Milliarden Euro ins Leben gerufen. Es folgten der Europäische Finanzstabilisierungsmechanismus (60 Milliarden Euro), der im Oktober 2012 dem berühmten Ausspruch des damaligen Präsidenten der Europäischen Zentralbank, Mario Draghi, folgend – „What ever it takes" – durch den Europäischen Stabilitätsmechanismus (EFSM) mit einem Volumen von 700 Milliarden Euro abgelöst wurde. Nicht alle Fazilitäten wurden auch vollständig ausgeschöpft.

Neben diesen Rettungspaketen bedienten sich einige Notenbanken auch direkt der Druckerpresse, mittels sogenannter ELA-Kredite, Emergency Liquidity Assistance. Dabei handelt es sich um Notstandskredite, die die nationalen Notenbanken in einer festgestellten Notlage eigenständig und zu selbst festgelegten Kreditkonditionen an die Banken des eigenen Landes vergeben dürfen. Griechenland, Irland und Zypern machten von dieser Möglichkeit während der Finanzkrise Gebrauch. Ebenso nutzte die belgische Zentralbank ELA-Kredite zur Rettung der Fortis Bank, die Deutsche Bundesbank verwendete ELA-Kredite zur Unterstützung der Hypo Real Estate. Hans-Werner

[6] Eine ausführliche Darstellung der Ereignisse während der Finanz- und Wirtschaftskrise ab 2008 bis 2021 findet sich bei Hans-Werner Sinn, „Die wunderbare Geldvermehrung", Verlag Herder 2021

Sinn, Professor für Volkswirtschaft, ermittelte bis zum Juni 2021 eine Höhe von 251 Milliarden Euro auf diese Weise geschaffener Liquidät.[53]

Die Zentralbankgeldmenge der EU, die auch Basisgeldmenge (monetäre Basis, abgekürzt M0) genannt wird, verdoppelte sich durch die beschriebenen Maßnahmen im Zeitraum Juli 2008 (Beginn der Finanzkrise) bis Juli 2012 von 0,89 Billionen Euro auf 1,77 Billionen Euro. Die Finanz- und Eurokrise sowie die Wirtschaftseinbrüche 2009 und 2012 schienen schon überwunden. Die Rettungsschirme hatten ihre Wirkung entfaltet und ausländische Kapitalgeber gewannen allmählich wieder Vertrauen in die Krisenländer. Schliesslich hatte ihnen Mario Draghi eine quasi Rückversicherung zum Nulltarif bei eventuellen Zahlungsausfällen in Aussicht gestellt.

Interessanterweise hatte die Ausweitung der Basisgeldmenge zunächst kaum Auswirkung auf die Realwirtschaft. Die zusätzliche Liquidität füllte lediglich die Lücke, die durch die Kapitalflucht aus den kriselnden Mittelmeerländern entstanden war oder verschwand in der Finanzwirtschaft, wo schon wieder fleissig spekuliert wurde. Eigentlich war zu erwarten gewesen, dass die Preise aufgrund der Geldmengenvermehrung steigen würden – was auch zwischen Mitte 2009 bis Ende 2011 der Fall war –, aber ab 2012 befand sich die Inflation wieder auf dem Sinkflug und erreichte im Januar 2015 ihr Minimum bei minus 0,6 Prozent. Die Antwort auf die befürchtete Deflation und Anzeichen einer schwächelnden Wirtschaft war Mario Draghis „the Trillion Euro Bazooka“.[54]

Diese in der Fachsprache als Quantatitive Easing Programm bezeichnete Maßnahme der Europäischen Zentralbank umfasste ein umfangreiches Ankaufprogramm von Anleihen des öffentlichen und privaten Sektors, die Senkung des Refinanzierungszinssatzes für Banken (Leitzins) von bereits ein Prozent auf minus 0,1 Prozent und die Ausgabe länger laufender Refinanzierungskredite (targeted longer-term refinancing operations, TLTROs), an Banken, um die Kreditvergabe im privaten Sektor anzukurbeln.[55] Also letztlich um das bisher gehortete Geld endlich in der Realwirtschaft wirken zu lassen und die Inflation in den Zielkorridor plus/minus zwei Prozent zu hieven. Von Oktober 2014 bis Juni 2023 wurden über den Kauf von Staatspapieren ca. 3,5 Billionen Euro in den Markt gepumpt.

Die volle Wucht der gezündeten Bazooka zeigte sich bei Ausbruch der Corona-Pandemie, als die Welt den massivsten Wirtschaftseinbruch seit dem Zweiten Weltkrieg erleben musste, und gipfelte nach dem Angriff Russlands auf die Ukraine und der dadurch ausgelösten Energiekrise in einer Preisexplosion, welche im Oktober 2022 11,5 Prozent erreichte. Die Zentralbankgeldmenge belief sich zu diesem Zeitpunkt auf über sechs Billionen Euro, mehr als siebenmal so viel als vor dem Ausbruch der Finanzkrise.

Die Folgen dieser ausufernden Geldpolitik waren und sind für jeden Bürger hautnah zu spüren. Die lange Niedrigzinsphase zehrte die Sparvermögen und Rücklagen für das Rentenalter vieler Durchschnittsverdiener auf. Ab einer Geldsumme von meist 50.000 Euro verlangten viele Banken sogar Strafzinzen auf die Einlagen ihrer Kunden. Lebensversicherungen, besonders für deutsche Bürger ein Eckpfeiler der Altersvorsorge, sind bei einem Garantiezins von 0,25 Prozent (seit 2022) kaum noch das Papier wert. Die Erträge werden durch die Inflation ausradiert. Die immense Geldmenge stellt eine stetige Inflationsgefahr und damit Entwertung unseres Geldes dar. Um diese im Bann zu halten, erhöhen die Zentralbanken die Leitzinsen, Kredite werden somit teurer.

Der Schuldendienst hoch verschuldeter Staaten wird zu einer schweren Bürde, wie im vorherigen Abschnitt dargestellt, und beschränkt die Handlungsfähigkeit, auf neue Krisen reagieren zu können. Es soll nicht unerwähnt bleiben, dass die lockere Geldpolitik keine europäische Erfindung ist.

Die japanische Zentralbank gilt als Wegbereiter der Quantatitive Easing Politik und betreibt sie bereits seit einigen Jahrzehnten. Selbstredend haben auch die USA während der Krisenjahre immer neue Investitionspakete – auf Kredit – geschnürt. Und auch China, die zweitgrößte Volkswirtschaft der Welt, hält seine Wirtschaft immer wieder mit Geld- und fiskalpolitischen Maßnahmen am Laufen. Der Krug kann also noch lange zum Brunnen geführt werden, bis er bricht.

In Kombination mit einer ungezügelten Schuldenpolitik werden wir gezwungen, weiter auf Wirtschaftswachstum zu setzen. Der Europäische Rat formulierte noch im März 2000 auf einer Sondertagung in Lissabon ein „dauerhaftes Wirtschaftswachstum" als Voraussetzung zur Erreichung seines strategischen Ziels für das kommende Jahrzehnt, „die Union zum wettbewerbsfähigsten und dynamischsten wissensbasierten Wirtschaftsraum in der Welt zu machen".[56] An dieser Auffassung hat sich bis heute nichts geändert.

Aus dem Blickwinkel des Jahres 2024 sehen die Vorzeichen dafür allerdings alles andere als rosig aus. Die Lokomotive China, die die Welt einst mit zweistelligen Wachstumsraten in Schwung hielt, hat bereits massiv an Tempo verloren und gesellt sich zu den nur noch moderat wachsenden entwickelten Volkswirtschaften. Weltweit wird ein weiteres Schrumpfen der Wirtschaftsleistungen für 2024 und 2025 erwartet. Auch das geopolitische Umfeld deutet weiterhin auf zunehmende Konflikte und Verharrung im Krisenmodus. Die aufgebauten

Schuldenberge lassen kaum noch Spielraum, um auf diese Herausforderungen adäquat reagieren zu können. Die fehlenden Mittel können nur durch weitere Schulden oder höhere Einnahmen beschafft werden. Die Schuldenlast verlangt nach niedrigen Zinsen, um eine Chance auf deren Abbau zu ermöglichen. Die ausufernde Geldmenge und die indizierte Inflation wiederum zwingen die Zentralbanken, die Zinsen hoch zu halten. Am Ende bleiben wir Gefangene eines auf Wachstum konzipierten Systems wie der Anker zwischen den Magneten eines Elektromotors. Der Anker sind wir – gezwungen, mit immer höherer Drehzahl zu konsumieren, mit allen seinen fatalen Folgen für uns und unseren Planeten. Wir sitzen auf einem Pulverfass, das früher oder später explodieren wird, wenn wir uns nicht besinnen und eine andere Finanz- und Wirtschaftspolitik einschlagen.

Vertrauen auf Innovation

Wir Menschen tun uns im Allgemeinen schwer mit großen Veränderungen. Insbesondere dann, wenn wir sie selbst vorantreiben sollen. Die ersten Lokomotiven, die mit lautem Schnaufen, Dampf stiebend die Weiten des Landes durchkreuzten, haben die Menschen ihrer Zeit erstaunt und erschreckt zugleich. Fahrgästen, die sich dem regelmäßigen Rattern beim Überfahren der Schienenschnittstellen aussetzten, wurden unheilbare Gehirnschäden prophezeit. Den ersten knatternden und noch langsamen Automobilen wurde keine Zukunft zugetraut. Doch die Idee vom motorgetriebenen Vehikel ließ sich trotz aller Vorbehalte nicht aufhalten.

Innovationen machen uns auch heute noch Angst. Umso mehr, je weniger wir die Erfindung selbst begreifen und deren Konsequenzen einschätzen können. Darin unterscheiden wir uns im 21. Jahrhundert kaum von unseren Vorfahren im vorindustriellen Zeitalter. Umso erstaunlicher ist es andererseits, dass die Mehrzahl der Menschen der festen Überzeugung ist, Innovationen werden die Probleme der Zukunft schon lösen. Es hat sich ein Gottvertrauen eingebürgert, nach dem Motto „Irgendwie wird es schon gut gehen". Die ehemalige deutsche Bildungs- und Forschungsministerin Anja Karliczek vertraute im Kampf gegen die „unvermeidbaren Folgen des Klimawandels" auf „die Innovationskraft der deutschen Wissenschaft und Wirtschaft."[57]

Künstliche Intelligenz

Große Hoffnung stützt sich auf den Durchbruch der künstlichen Intelligenz, abgekürzt KI. Seit der Veröffentlichung einer kostenlosen Version von ChatGPT durch die Firma OpenAI ist das Thema der computergestützten Intelligenz im Alltag angekommen. Man kann ChatGPT alles fragen und erhält beinahe druckreife Referate zu jedem beliebig ausgewählten Thema. Selbst Online-Redaktionen stützen sich teilweise schon auf ChatGPT. Es arbeitet unglaublich schnell. ChatGPT sprudelt sekundenschnell Antworten auf komplexe Fragestellungen heraus, für die wir mit konventioneller Recherche Tage gebraucht hätten.

Die künstliche Intelligenz hilft uns, ein Budget zu erstellen, Verhandlungen zu führen, einen Beileidsbrief zu schreiben oder erläutert, warum Popcorn „popst", also aufplatzt.[58] Die Bedeutung von GPT und den zahlreichen Konkurrenzprodukten, wie Neuroflash, Copy.ai, TensorFlow von Google oder Grok von Elon Musk und der teils amüsanten Nutzung seiner „Intelligenz" liegt in den revolutionären Verfahren und Algorithmen der Software. Neuronale Netze und die massenhafte Verarbeitung von Daten, um das KI-System zu trainieren, befähigen das Programm, Musikstücke verschiedenster Musikgattungen zu komponieren, Bilder aus Texten zu generieren, Interpretationen und Zusammenfassung von Büchern zu erzeugen, als wären sie einem menschlichen Hirn entsprungen.

Die analytischen Fähigkeiten und die Schnelligkeit dieser Systeme ermöglichen es beispielsweise, die komplexen Materialflüsse und Fertigungsschritte einer Fabrik effizient zu steuern und den Verbrauch an Materialien, Hilfs- und Betriebsstoffen und den Einsatz von Energie zu reduzieren. ChatBots, gefüttert mit umfassender Betriebs- und Produktinformation, führen Kundengespräche gleich ihren Kollegen/-innen aus Fleisch und Blut, die sie zunehmend im Service ersetzen. In China moderieren Avatare ganze Wissenssendungen im Fernsehen. KI ist bereits in vielen Anwendungen vorhanden und wird unseren Alltag völlig neu erscheinen lassen. Humanoide Roboter werden Tag und Nacht arbeiten, ohne müde zu werden, und den akuten Fachkräftemangel, besonders in Deutschland, der kommenden Jahre entspannen. KI geeint mit Super- und Quantencomputern wird aufgrund ihrer rasanten Geschwindigkeit die Entdeckung neuer Materialien in wenigen Jahren ermöglichen und zur Serienreife bringen. Forschung und Entwicklung werden exponentiell neue Höhen und Durchbrüche erleben, und unser Leben radikal verändern.

„Irgendwann werden Sie dem Computer einfach sagen, was Sie wollen, und er wird all diese Aufgaben für Sie erledigen“, sagte Firmengründer Sam Altman in seiner Eröffnungsrede der ersten Entwicklerkonferenz von OpenAI im November 2023. Neue Funktionen erlauben es jedem Anwender, seinen eigenen KI-Assistenten zu erstellen – ohne Programmierkenntnisse. Damit kann jeder zu einem Entwickler im OpenSource-Universum werden. Das Potential ist gewaltig.

Künstliche Intelligenz ist nicht die einzige Innovation unseres Zeitalters. Sie ist aber ein sehr wirkungsvoller Katalysator zur Entwicklung neuer Verfahren und Produkte sowie der Grundlagenforschung. Robotik und KI-Verfahren der Bilderkennung kommen schon heute bei der Organtransplantation zum Einsatz und führen diese präziser durch, als es der übermüdete Chirurg nach zehn Stunden Einsatz schafft. Es ist vorstellbar, dass der Ersatz von Organen in einigen Jahren so reibungslos erfolgen könnte wie die Fließbandfertigung eines Autos. Chef- und Oberärzte überwachen das Geschehen nur noch für den nicht vorhergesehenen Notfall, wie der Lokführer im autonom fahrenden Zug.

Grenzen des Fortschritts

Auch der Autor ist davon überzeugt, dass der technische Fortschritt unser Leben in immer kürzeren Abständen revolutionieren wird. In Veröffentlichungen zu diesem Thema wird der Begriff der disruptiven Technologien inflatorisch verwendet. Die Veränderungen erfolgen in Quantensprüngen – nicht linear gleitend –, die uns in einen Sog ziehen, bei dem es uns schwindelig wird, und wir werden immer weniger Zeit haben, uns in der neuen Welt zurechtzufinden.

Der Mikrokosmos, in dem wir leben und uns auskennen, auf dem unsere Wahrheiten und Erkenntnisse beruhen, wird erheblich aus dem Gleichgewicht gebracht. Unser bisheriges Weltbild und das gewohnte Umfeld werden ausgelöscht, deshalb wirkt die Veränderung disruptiv. Die Frage lautet: „Werden diese massiven Umwälzungen die Auflösung der beschworenen Herausforderungen bringen?“ Wie wirken Digitalisierung, künstliche Intelligenz und Robotik auf nachhaltiges Wirtschaften? Werden die Fortschritte in der Quantentechnologie den Ressourcenmangel auf der Erde beseitigen? Wie bereits in den vorherigen Kapiteln beleuchtet, geht es beim Thema Wohlstand vor allem auch um das Wohlbefinden. Wie also werden sich diese Entwicklungssprünge auf das gesellschaftliche Miteinander auswirken?

Die Forschungsgruppe „Digitalization for Sustainability – Science in Dialogue“ (D4S), geleitet von Prof. Dr. Tilman Santarius, TU Berlin, sieht die augenblicklichen Entwicklungen zumindest kritisch und fordert eine Neuausrichtung der Politik im Bereich Digitalisierung.[59] Das Hauptargument: Die meisten staatlichen Initiativen lassen die Einbeziehung der weitreichenden Folgen der Digitalisierung in Bezug auf Umwelt, Nachhaltigkeit und den gesellschaftlichen Frieden vermissen.

Im vorliegenden Buch wurde bereits auf den Energiehunger digitaler Geräte, der Rechenzentren und digitaler Anwendungen, hingewiesen. Der Wissenschaftler und Gründer des Forschungsinstituts Digiconomist hat den weltweiten Strombedarf für die Nutzung von künstlicher Intelligenz auf Grundlage der prognostizierten Verkäufe von KI-Chips – dominiert von Nvidia – bis 2027 auf 85 bis 134 Terawattstunden (TWh), oder anders ausgedrückt auf 85 bis 134 Milliarden Kilowattstunden (kWh), Strom pro Jahr geschätzt.[60] Das würde dem Jahresbedarf der Niederlande entsprechen. 2022 betrug der Anteil für KI in der EU ca. 25 Prozent des errechneten Stromverbrauchs für digitale Infrastruktur (Rechenzentren plus Telekommunikationsdienstleistungen) von 70 bis 95 Terrawattstunden (TWh). Dies entsprach 2,8 bis 3,8 Prozent des gesamten Strombedarfs der Europäischen Union.[61] Das Ausmaß ist in den einzelnen Mitgliedsländern allerdings sehr unterschiedlich und rangiert in Abhängigkeit des Entwicklungsstandes der Infrastruktur und Zahl und Größe der ansässigen Rechenzentren von nur 2,2 Prozent des nationalen Strombedarfs in Frankreich bis zum IT-Schwergewicht Irland mit 18 Prozent. Ein Bericht des Büros für Technikfolgenabschätzung des deutschen Bundestages vom Oktober 2022 prognostiziert eine Verdreifachung des Stromverbrauchs für Informations- und Kommunikationstechnik bis zum Jahr 2030, sollten nicht alle Möglichkeiten zur Steigerung der Energieeffizienz der eingesetzten Komponenten ausgeschöpft werden. Bereits heute, so der Bericht, „liegt der IKT-Energieverbrauch in einer volkswirtschaftlich bedeutenden Größenordnung“. Dies schließt die Endgeräte mit ein, die in den genannten Statistiken nicht berücksichtigt sind. Im günstigsten Fall, meinen die Autoren, könnte der Energiehunger auch sinken.[62] Eine Bitkom-Studie von 2023 ist hingegen wesentlich skeptischer und konstatiert: „Obwohl die Effizienz der IT-Bereitstellung seit 2010 um 500 Prozent zugelegt hat, steigt der

Energiebedarf kontinuierlich an".[63] Ein weiteres, die Umwelt belastendes Problem, sind die Klimatisierung und die Kühlung. Die Autoren Pengfei Li, Jianyi Yang, Mohammad A. Islam, Shaolei Ren schätzen den weltweiten Wasserbedarf zur Temperierung der Aggregate allein aus KI-Anwendungen in 2027 auf 4,2 bis 6,6 Billionen Kubikmeter. Dies entspräche dem jährlichen Wasserverbrauch Dänemarks oder der Hälfte des Wasserbrauchs Großbritanniens.[64]

Permanent verfügbare Energie ist eine unabdingbare Voraussetzung für die Welt, in der wir heute leben, und unseren Wohlstand. Fast jeder hat schon einmal die Erfahrung gemacht, welche Folgen es hat, wenn der Strom für nur wenige Stunden ausfällt. Die Welt, im Kleinen wie im Großen, steht plötzlich still. Rien ne va plus – Nichts geht mehr. Gut, wenn das Diesel-Notstromaggregat regelmäßig gewartet wurde und in diesem Fall einspringt. Die Technologie selbst hat uns in hohem Maße abhängig von ihr gemacht. Wer heute mit Smartphones und Internet aufwächst, kennt kaum noch die analogen Grundlagen, auf denen diese Systeme einst entwickelt wurden. Ohne Elektrizität lässt sich unsere Zukunft nur schwer vorstellen. Die Entwicklung regenerativer Energieträger und deren ebenso nachhaltige Herstellung ist daher eine fundamentale Voraussetzung für den bleibenden Wohlstand auf diesem Planeten.

Neben der Abhängigkeit von Informations- und Kommunikationstechnik sind unser Wirtschafts-, Gesellschafts-, Arbeits- und Privatleben erheblich anfälliger und angreifbarer geworden. Cyberangriffe auf Behörden, Institutionen und Unternehmen erleben wir nahezu täglich. Quantencomputer werden heutige Verschlüsselungsverfahren in wenigen Jahren zur Makulatur werden lassen. Quantencomputing, das heißt, das Rechnen mit Qubits, wird schon heute auf klassischen Rechnern mittels Simulation angewendet.

Systemausfälle, ausgelöst durch Naturkatastrophen, militärische Auseinandersetzungen und kriminelle Aktivitäten, dürften in Zukunft immer häufiger auftreten. Unser sozioökonomisches System ist erheblich vulnerabler geworden.

Die 15 Experten aus acht Nationen des bereits angesprochenen D4S-Projektes bemängeln, dass die derzeitigen Anstrengungen in den Bereichen digitaler Anwendungen und künstlicher Intelligenz hauptsächlich dem Primat Wachstum und Optimierung vorhandener Strukturen und Prozesse untergeordnet sind. Der erkennbare Trend führt zu einer Manifestierung des Status Quo einer wachstums- und konsumgetriebenen Gesellschaft. Weder der europäische „Green Deal" noch das „Fit for the Digital Age"-Programm der EU adressieren die Möglichkeiten einer nachhaltigen Zukunftsgestaltung und die Risiken, die mit den digitalen Technologien verbunden sind. Hauptsächlich zielen die Programme darauf ab, die Wettbewerbsfähigkeit europäischer Unternehmen herzustellen und zu sichern. Wenn aber wirtschaftliches Wachstum das alles überragende Ziel dieser Politik ist, dürfte es den notwendigen Transformationen zu mehr Nachhaltigkeit, Biodiversität, Abfallvermeidung, Begrenzung der Erderwärmung und Verringerung der Umweltverschmutzung eher zuwiderlaufen, so die Feststellung der Wissenschaftler.

Die digitale Marktmacht liegt heute bei nur wenigen Unternehmen. An der Börse werden die US-Giganten Alphabet, Amazon, Apple, Meta, Microsoft, Nvidia und Tesla bereits die „glorreichen Sieben" genannt. Ihr Börsenwert ist mit knapp elf Billionen Euro fünfmal so hoch wie alle im DAX, MDax und TechDax geführten deutschen Aktiengesellschaften.[65] Entsprechend hoch ist ihr Einfluss auf die Gestaltung digitaler Anwendungen und Strukturen. In China haben Alibaba, Tencent und Pinduoduo hunderte Millionen Anwender in ihren

Bann und konsumtive Abhängigkeit gezogen. Allein die App TikTok der Pekinger Firma Byte Dance wurde mittlerweile 1,2 Milliarden Mal heruntergeladen. Auf allen Plattformen des Internetgiganten versammeln sich täglich mehr als 800 Millionen Nutzer. Einer Erhebung von Blog2Social zu Folge haben im Jahr 2023 4,8 Milliarden Menschen Social Media-Plattformen aktiv genutzt.[66] Das entspricht mehr als der Hälfte der Weltbevölkerung. Die Oligopolisten vereint ein gemeinsames Merkmal: das Streben nach Gewinnmaximierung. Dies wird erreicht, indem die Nutzer – eine suggestive Beschreibung für Konsument – so lange und so häufig wie möglich die kostenpflichtigen Angebote und Produkte in Anspruch nehmen bzw. kaufen. Temu, eine Verkaufsplattform der chinesischen Internetfirma Pinduoduo, erobert gerade im Sturm die Haushalte weltweit mit seiner ausgefeilten, auf künstlicher Intelligenz beruhenden manipulativen Produktwerbung, und schwingt sich zum Klassenbesten auf.

Pinduoduo investiert Unsummen in die Vermarktung dieses Kassenschlagers. Von Zurückhaltung, Nachhaltigkeit oder Gemeinwohlsinn keine Spur. Die chinesische Regierung sah sich veranlasst, den Gründer und Chief Executive Officer des Konglomerats Alibaba, Jack Ma, zum Rücktritt zu zwingen und die Zerschlagung des in alle gesellschaftlichen Bereiche vordringenden dominierenden Konzerns zu fordern. Die beherrschende Marktstellung des von einem ehemaligen Lehrer gegründeten Internetgiganten und die angehäuften Reichtümer seiner Eigentümer mutierten zu einer Bedrohung für das autoritäre Regime.

Schauen wir uns die vom International Resource Panel[7] erhobenen Daten an, so wird ein anderer enttäuschender Trend sichtbar: der unaufhaltsame Anstieg des weltweiten Materialverbrauchs. Trotz oder wie im vorherigen Abschnitt angesprochen gerade wegen des technischen Fortschritts hat der weltweite Einsatz von Rohstoffen in den letzten elf Jahren von 2010 bis 2021 um mehr als 20 Prozent zugenommen. Seit Erhebung der Daten aus 200 Ländern weltweit im Jahr 1970 hat sich der Materialeinsatz der Staaten ungeachtet des rasanten technischen Fortschritts kontinuierlich erhöht. Gleichwohl hat die Materialintensität zur Erwirtschaftung eines US-Dollar der Volkswirtschaften stark abgenommen. 1970 wurde zur Erzielung eines US-Dollar Inlandsproduktes in den USA 1,157 Kilogramm Material benötigt. 2021 waren es nur noch 0,372 Kilogramm. Im gleichen Zeitraum stieg der Gesamtmaterialverbrauch dennoch um das 1,3-fache. In Europa verringerte sich die gemessene Materialintensität von einem auf ein halbes Kilogramm pro einem US-Dollar Sozialprodukt.[67] Der Materialverbrauch stieg in der gleichen Periode um 40 Prozent. Weltweit hat sich der Materialeinsatz von 1970 bis 2021 gar um das 3,2-fache erhöht. Das liegt vor allem an China, das ca. ein Drittel des gesamten Materialverbrauches ausmacht.

In den kommenden Jahren ist mit einem weiteren Anstieg des Verbrauchs an Rohstoffen im hohen einstelligen Prozentbereich auszugehen, auch in den entwickelten Wirtschaftszonen. Die Zahlen bekräftigen frühere Studien zur Auswirkung des Fortschritts auf die Materialeffizienz. Der gefeierte digitale Fortschritt scheint uns in absehbarer Zeit nicht den erforderlichen

---

[7] Das International Resource Panel (IRP) wurde 2007 vom Umweltprogramm der Vereinten Nationen (UNEP) ins Leben gerufen, um das Wissen aufzubauen und zu teilen, das für eine bessere Nutzung unserer Ressourcen weltweit erforderlich ist.

Effekt einer ausgeglichenen Ökobilanz zu bringen. Dirk Posse stellt in seiner Analyse zum Stand der wissenschaftlichen Postwachstumsdiskussion hierzu fest: „Konsens gibt es bei den Wachstumskritikern darüber, dass eine Entkoppelung von Umweltverbrauch und Wirtschaftswachstum nicht möglich ist und technische Lösungen allein nicht ausreichen.“[68]

Wenn uns der eingeschlagene Entwicklungsweg schon nicht bei unseren Bemühungen, in regenerativen Kreisläufen zu wirtschaften, weiterbringt, so dürfen wir doch erwarten, dass sich zumindest unser aller Wohlstand weiter verbessert oder im schlechtesten Fall erhalten bleibt, und Armut und Hunger – deren Überwindung die ersten zwei der 17 Nachhaltigkeitsziele der Vereinten Nationen sind – weltweit der Vergangenheit angehören. Die Wissenschaftler des D4S-Projektes machen uns auch bei diesem Aspekt wenig Hoffnung. Unter den gegebenen Parametern, ihren Interessenvertretern und politischen Leitfiguren werden sich Ungleichheit, Machtkonzentration und Polarisierung zwischen den Nutznießern moderner Technologien und denen, auf deren Kosten dieser Nutzen erzielt wird, eher verstärken.

Die Einkommens- und Chancenungleichheit werden mit hoher Wahrscheinlichkeit zunehmen. Die Forscher begründen dies mit den im Produktionsbereich steigenden Qualifikationsanforderungen, die entsprechend besser bezahlt werden, und den deutlich niedrigeren Anforderungen im Dienstleistungssektor, die daher geringer entlohnt werden. Ein weiterer Treiber der Ungleichheiten liegt in den Kapitaleinkünften begründet.[69] Wer reich ist, wird noch reicher. Wer arm ist bleibt es auch.

Die Urbanisierung und das Wohnen in Mietskasernen haben dazu geführt, dass mehr Menschen auf engerem Raum zusammenleben. Über die Hälfte der Weltbevölkerung lebt in Städten. Und dennoch haben uns die Mehrgenerationenstätten in unserem Sozialverhalten eher auseinander statt zusammengeführt. Sowohl die westliche, markwirtschaftlich geprägte Welt, als auch der östliche Sozialismus haben egozentrisches Agieren gefördert und das Gemeinwohldenken ins Hintertreffen geraten lassen. Der konsumtive Wohlstand des Einzelnen ist wichtiger geworden als das Wohlbefinden der Gemeinschaft.

Die Unterhaltung mit einem humanoiden Roboter mag zwar unterhaltsamer sein als mit einer übermüdeten menschlichen Pflegekraft, die von einem Termin zum nächsten hetzt. Der ausbleibende Kontakt zu anderen Menschen verstärkt jedoch den Effekt der Abgrenzung und aufkommenden Einsamkeit. Erst die zwischenmenschliche Beziehung ermöglicht die Weiterentwicklung der sozialen Gemeinschaft. Die Covid-Pandemie hat eindrucksvoll die Folgen des Ausbleibens zwischenmenschlicher Begegnungen aufgezeigt. Videoanrufe und -konferenzen können eine solche Phase überbrücken, unmittelbare persönliche Kontakte aber nicht dauerhaft ersetzen. Die Herausforderungen, vor denen wir stehen, erfordern einen starken Zusammenhalt und Konsens der Völkergemeinschaften.

Der technologische Fortschritt wird unseren Alltag vielfach erleichtern, lästige Routinearbeiten abnehmen, die Heilungschancen selbst bisher unbehandelbarer Krankheiten erhöhen. Es gibt zahlreiche vielversprechende Ansätze in Forschung und Entwicklung, die unser Leben dauerhaft nachhaltiger machen können. Superkritisches Wasser in zehn Kilometern Tiefe unter der Erdkruste könnte das Energieproblem lösen. In Island gibt es bereits ein Pilotkraftwerk. Vertical Farming könnte den Bedarf an Agrarland deutlich verringern und den Hunger zu beseitigen helfen. Doch all diese Aktivitäten führen nicht automatisch zu einem Ökosystem innerhalb der Grenzen unseres Planeten. Ob diese Technologien eine positive Wirkung auf unser Zusammenleben haben und mithin einen anhaltenden Wohlstand erzeugen oder nicht, hängt davon ab, ob wir den Forschungs- und Entwicklungsanstrengungen einen nachhaltigen „Purpose" voranstellen, oder an den Gesetzmäßigkeiten der Wachstumsspirale festhalten wollen.

Kapitalismus versus Sozialismus

In den Diskussionen und Publikationen rund um das Thema Klimawandel wird häufiger ins Feld geführt, es sei der Kapitalismus, der unserem Planeten schade. Sollten wir uns also dem Sozialismus zuwenden? Finden wir in der sozialistischen Gesellschaftsform die heilbringende Lösung? Verhält sich der Mensch im Sozialismus umweltbewusster? Geht die Wirtschaft im Sozialismus umweltschonender mit den Ressourcen um? Die Fragen können mit einem klaren „Nein“ beantwortet werden. Ob wir nach Kuba, Russland oder in die ehemalige DDR schauen, auch in diesen kommunistisch oder sozialistisch geführten Ländern wurde und wird ein erheblicher Raubbau an natürlichen Bodenschätzen und dem Ökosystem betrieben. Nicht geringer ist der Wunsch nach Konsum. Das lässt sich sehr deutlich am Beispiel China beobachten. Das Land hat wie kaum ein anderes zuvor – vergleichbar mit dem Wiederaufbau Deutschlands nach dem Zweiten Weltkrieg – in den letzten 40 Jahren ein rasantes Wachstum vollzogen und den Wohlstand der Bevölkerung auf ein oberes mittleres Niveau gehoben (per Definition der Weltbank). Das bereinigte Pro-Kopf-Nettoeinkommen hat sich von 1979 bis 2019 von 148 auf 8.394 US-Dollar um den Faktor 57 vervielfacht.[70] Im gleichen Zeitraum hat sich das bereinigte Pro-Kopf-Nettoeinkommen Deutschlands nur vervierfacht, das der USA versechsfacht. Gleichwohl liegen die Pro-Kopf-Einkommen Deutschlands noch 4,6-mal und der USA 6,6-mal höher als im Land der Mitte. China zählt heute in vielen Bereichen zu den größten Verbrauchermärkten weltweit. Doch das enorme Wirtschaftswachstum hat einen hohen Preis. Die Volksrepublik wird für 30 Prozent der weltweiten Treibhausgasemissionen – Stand 2021 – verantwortlich gemacht. Gemessen an der Wirtschaftsleistung beträgt der CO2-Ausstoß je einem US-Dollar dreimal mehr als in der Euro-Zone und ist noch doppelt so hoch wie in den Vereinigten Staaten. Nahezu 100 Prozent der Bevölkerung sind einer Feinstaubbelastung von mehr als zehn Mikrogramm pro Kubikmeter ausgesetzt (zum Vergleich: Deutschland 89 Prozent; EU 80 Prozent; USA 3,3 Prozent).[71] Ein Wert von mehr als zehn Mikrogramm pro Kubikmeter wird nach den Leitlinien der Weltgesundheitsorganisation (WHO) als gesundheitsschädlich eingestuft. Der Ausstoß von Methangas, das als das noch aggressivere Treibhausgas angesehen wird, lag 2018 in China dreimal so hoch wie in der EU (ohne Großbritannien) und doppelt so hoch wie die Methanbelastung durch die USA.

Die radikale Abholzung von Wäldern im Land der Mitte führte bereits Ende der 1990er Jahre zur Absenkung des Grundwasserspiegels in vielen Provinzen und gefährdet zunehmend die Trinkwasserversorgung in China. Der Hunger nach Rohstoffen und Konsumgütern der aufstrebenden, kommunistisch geführten zweitgrößten Wirtschaftsmacht der Welt ist enorm. Die Hersteller von Luxusartikeln, von der Armbanduhr bis zum Premiumauto, finden dort ihre größten Absatzmärkte. Der Nachholbedarf ist groß. Das Umweltbewusstsein ist hingegen noch sehr wenig ausgeprägt.

Es bleibt festzuhalten: Weder der Kapitalismus noch der Sozialismus oder Kommunismus unterscheiden sich in ihrem Wirken in Bezug auf Umweltverschmutzung, Treibhausgasemissionen und Belastung des Ökosystems. Auch die Kräfte eines freien Marktes führen offensichtlich nicht zu einem Ausgleich des Angebotes an planetaren Gütern und ihrer Nachfrage durch die stetig wachsende Erdbevölkerung. Der althergebrachte Systemwettstreit führt also in eine Sackgasse. Es ist notwendig, unsere Gesellschaft und unser Wirtschaftssystem auf eine neue Ebene zu heben. Wir müssen den Quantensprung wagen, wie es der norwegische Wirtschaftsphilosoph Anders Indset in seinem Buch „Quantenwirtschaft“[72] beschreibt. Jedoch reicht es nicht, wenn sich einzelne Gesellschaften isoliert erneuern. Es bedarf eines weltumspannenden ordnungspolitischen Korrektivs, das die notwendigen Veränderungen fördert. Es gibt nur den einen Planeten Erde, von dem wir alle gemeinsam abhängen. Das Klima kennt keine Grenzen und keine ideologischen Unterschiede.

Der Internationale Währungsfonds (IMF) stellt in seinem Oktoberreport 2021 fest: „Achieving the reductions in greenhouse gas emissions needed to mitigate global warming will require a transformation of the global economy.”[73] Diese Transformation bedingt den Wandel von intensiv CO2-emittierenden Prozessen und umweltbelastenden Arbeitsplätzen hin zu nachhaltigen Tätigkeiten, die zu einer Verringerung der Erderwärmung beitragen und zu einem ausgewogeneren Ökosystem führen. In einem solchen Wirtschaftsmodell wird Dienstleistung eine zentrale Rolle spielen. Eine dienstleistungsorientierte Gesellschaft dürfte auch zu deutlich höherer Zufriedenheit mit der Arbeit führen, als es in einem überwiegend materiell ausgerichteten, auf höchste Produktivität angelegten Wirtschaftssystem möglich erscheint. Diese Annahme begründet sich in Studien zu den beeinflussenden Faktoren der Lebenszufriedenheit. Je höher das Einkommen einer Bevölkerungsgruppe ist und je mehr die Grundbedürfnisse wie Ernährung, Wohnen und Arbeit erfüllt sind, umso bedeutender werden Faktoren wie soziale Anerkennung, Wertschätzung, Freizeitgestaltung, persönliche Entfaltungsmöglichkeiten und sinnhaftes Tun. Wohlstand ist nicht das Wichtigste: Am glücklichsten werden wir in starken, vertrauensvollen Beziehungen.[74] In Deutschland, das zu den reichen Ländern der Welt gezählt wird, werden die Menschen laut dem World Happiness Report 2023 der Vereinten Nationen scheinbar immer unglücklicher. Ab einem gewissen Einkommen, das die Wirtschaftsnobelpreisträger Daniel Kahneman und Angus Deaton in ihrer Studie auf 75.000 US-Dollar jährlich beziffern, nimmt die Lebenszufriedenheit kaum noch zu. Finnland gehört zu den Ländern, in denen sich die Bevölkerung am glücklichsten fühlt. Die Wissenschaftlerin und Personalmarketingexpertin Helena Schneider führt dieses Ergebnis auf die Förderung zwischenmenschlicher Beziehungen in dem skandinavischen Land zurück. „Die Menschen werden ermutigt, starke, gesunde Beziehungen zu ihren Familien, Freunden und der Gemeinschaft aufzubauen und zu pflegen.“[75]

Das zukunftsfähige Unternehmen

Unternehmen stehen heute vor außerordentlichen Herausforderungen. Der Wandel in der Klimapolitik verlangt nach CO2-neutralen Fertigungsprozessen und nachhaltigen Produkten. Die rasante Entwicklung im Bereich der Digitalisierung und künstlichen Intelligenz stellt viele Geschäftsmodelle in Frage. Das weltweit hochgeschätzte Label „Made in Germany“, basierend auf exzellenter Ingenieurskunst und qualitativ hochwertigen Maschinen, gerät zur Nebensache. Statt ausgeklügelter robuster Hardware werden die steuernde Software und ihr intelligenter Leistungsumfang zum entscheidenden Qualitätsmerkmal. Während die traditionelle Autoindustrie noch darauf fokussiert ist, Anschluss an die Entwicklung der sogenannten NEV, New Electric Vehicle, zu bekommen, testen Softwarekonzerne bereits das Transportmittel von übermorgen. Entscheidend werden nicht mehr die Anzahl von Zylindern und die Pferdestärken eines Autos sein, sondern wie bequem und unterhaltsam wir uns von A nach B bewegen. Autonom fahrende Fahrzeuge werden uns ohne Hektik und ohne Staus surrend an unser Ziel geleiten, während die Passagiere ihre Kinder unterhalten, noch schnell eine wichtige Präsentation vorbereiten oder entspannt einer Konferenz folgen. Je mehr aber die Dienstleistung „Transport“ in den Mittelpunkt rückt, umso weniger hält sich die Bedeutung des Autos als Statussymbol. Fortschrittliche Mobilitätskonzepte und nachhaltige Stadtplanung vorausgesetzt, wird die Nachfrage nach Pkws im privaten Haushalt signifikant zurückgehen oder gar ganz verschwinden.

Der Zwang zu klimaneutralen Herstellungsprozessen und veränderten Lebensgewohnheiten wird zahlreiche Branchen verschwinden lassen. Die Wirtschaft insgesamt ist in einem ungeheuren Umbruch. Wenn auch noch zu langsam, so zeichnet sich doch eine zunehmende Nachfrage nach nachhaltigen Produkten und Dienstleistungen ab.

Agilität und Anpassungsfähigkeit

Der Bestand eines Unternehmens hängt wesentlich davon ab, wie schnell es sich den Veränderungen der Märkte, in denen es agiert, anpassen kann. Mit Vehemenz wehrt sich die Old Economy, die neuen Parameter der Zukunftswirtschaft zu akzeptieren. Manchmal muss einer aufstehen und die Initiative gegen den Mainstream ergreifen. Elon Musk ist so ein Unternehmertyp, der sich von dem Unmachbaren inspirieren lässt und das Machbare neu erfindet. Das Genie mit seiner eratischen Persönlichkeit hat die Autoindustrie gerockt und vor allem die deutschen Hersteller aus ihrem Winterschlaf geweckt. Der Stützpfeiler des deutschen Wohlstands gerät ins Wanken. Amazon mit Jeff Bezos, Apple mit Steve Jobs, Alphabet mit Larry Page, wie auch Jack Ma, Gründer von Alibaba, und Tencent, gegründet von dem chinesischen Visionär Ma Huateng (auch Pony Ma genannt), die chinesischen Pendants, mischen die Märkte kontinuierlich mit neuen Technologien und Geschäftsideen auf. Uber und Didi überzeugen mit innovativen Mobilitätskonzepten und stellen die althergebrachten Taxistrukturen in Frage. Die Kreativität macht auch vor der planetaren Atmosphäre nicht halt. Für Captain Kirk, populärer Kommandant in der Science-Fiction Serie „Enterprise“ der 1960er Jahre, wurde die Fiktion noch zu Lebzeiten Realität, als der Schauspieler William Shatner mit 90 Jahren in der New Shepard von Blue Origin (Firma des Amazon-Gründers Jeff Bezos) tatsächlich in den Weltraum flog. Heute kommunizieren wir routiniert über eine Smartwatch mit Freunden und Kollegen. In den 1960ern war das noch Fantasterei. Die Visionäre

Jeff Bezos, Richard Branson (Virgin Galactic) und Elon Musk (SpaceX) haben mit der Kommerzialisierung der Weltraumfahrt ein völlig neues Geschäftsmodell geschaffen.

Allzu sehr verlässt sich manches deutsche Traditionsunternehmen darauf, dass man schon zahlreiche Krisen in den vergangenen über 100 Jahren überstanden hätte. Es bleibt diesen Unternehmern zu wünschen, dass ihre Firmen die stürmischen Zeiten nicht nur durchstehen, sondern Strategien entwickeln, die sie zukunftsfest machen. Grundig, Telefunken, Nokia, Siemens Communication oder BlackBerry, einst gegründet als Research in Motion – sie alle unterschätzten den Wandel im Markt- und Kundenverhalten, weil sie nicht in der Lage waren, die eingefahrenen Denkmuster zu verlassen. Damals war es Apple, das den Handymarkt mit seinem innovativen iPhone aufmischte.

Innovation ist unabdingbarer Treiber des technischen Fortschritts. Allerdings müssen sich Kreativität, Agilität und Mut hinzugesellen, um aus einer Idee oder einer Vision ein erfolgreiches Geschäftskonzept zu entwickeln. Start-ups gelten als die neuzeitlichen Vorbilder. Ihre Gründer faszinieren durch die unerschütterliche Überzeugung von ihrer Unternehmensidee. Die Firmenstrukturen sind flach, Entscheidungen werden schnell gefällt und umgesetzt. Auf Probleme reagieren sie mit Anpassung. Da sie von ihrem Einfall, ihrer Vision, überzeugt sind, stellt sich nicht die Frage, *ob*, sondern nur *wie* sie realisiert werden kann. Das macht sie resilient.[76] „Big is Great“ war gestern, „Small is beautiful“ lautet die neue Verheißung. Die Ausgliederung von Unternehmensteilen, wie beispielsweise bei Siemens oder General Electric, war nicht nur der Hebung verborgener Unternehmenswerte geschuldet, sondern auch der Einsicht, dass die in die Selbstständigkeit entlassenen Geschäftsbereiche unabhängig vom Mutterkonzern schneller und erfolgreicher auf ihren Märkten agieren können. Der Erfolg der Start-ups hat einige Unternehmen veranlasst, selbst kleine, eigenständige Firmen auszugründen. In den agilen Biotopen sollen Kreativität und Erfindergeist ihren Nährboden finden und neue Ideen zur Produktreife bringen, die in den bestehenden Unternehmensstrukturen oft nur schwer umzusetzen sind.

„Adapt, evolve, compete or die" soll der legendäre amerikanische Hedgefondsmanager und Philanthrop Paul Tudor Jones seinen Händlern und Investorenkollegen mit auf den Weg gegeben haben. Sich an verändernde Märkte und Situationen anzupassen, sich weiterzuentwickeln und den Wettbewerb bzw. die Herausforderung anzunehmen, bestimmt den Erfolg des Händlers und genauso des Unternehmers. Wem dies nicht gelingt, der verschwindet von der Bildfläche. Manchmal erfordert eine unerwartete Situation blitzschnelles Umdenken und Anpassung an die neuen Gegebenheiten. So berichtete beispielsweise der erste deutsche Kommandant der International Raumstation ISS, Alexander Gerst, vor Unternehmenslenkern, wie er auf so eine Probe gestellt wurde. Expedition 57 begann am 4. Oktober 2018 mit dem Rückflug der Crew von Expedition 56. Am 11. Oktober sollten zwei weitere Astronauten die drei Kollegen der Expedition 57 komplettieren. Doch während des Anflugs fiel die zweite Stufe der Trägerrakete aus; Soyuz MS-10 konnte den Orbit nicht erreichen und musste notlanden. In dem Moment, als der Abbruch des Fluges von der Bodenstation erklärt wurde, war dem Kommandanten der ISS klar, dass ein Einsatz Monate dauern würde und es nicht absehbar war, wann sein Team zur Erde zurückkehren könnte. Die Crew musste sich entscheiden, die Mission und die damit verbundenen Experimente zu Dritt fortzuführen oder die ISS zu verlassen. Noch bevor die Leitung am Boden die folgenreiche Frage stellte, hatten sich die Mitglieder der Expedition 57 für ein

Bleiben entschieden, und begannen, sich auf die neue Situation vorzubereiten. Am 3. Dezember 2018 brachte Soyuz MS-11 drei weitere Raumfahrtwissenschaftler zur ISS. Expedition 57 wurde mit der Rückkehr von Kommandant Gerst und seinen zwei Kollegen am 20. Dezember 2018 erfolgreich beendet. Für ein Unternehmen ist es wichtig, dass es in Krisen schnell auf die neuen Rahmenbedingungen umschalten kann und nicht lange in den gewohnten Betriebsabläufen verharrt. Dies verlangt eine beherzte Führung und eine Organisation, die gelernt hat, mit dynamischen Märkten umzugehen.

Den Einfluss einer neuen Technologie, einer neuen Erfindung oder eines neuen Zeitgeistes richtig einzuschätzen, erfordert höchste Aufmerksamkeit und Strukturen, diese Erkenntnisse zügig vor allen Wettbewerbern umzusetzen und dadurch einen Vorsprung im Markt zu erzielen.

Traditionsreiche, vom Erfolg verwöhnte Unternehmen tun sich in aller Regel schwer, die Verschiebungen in ihren Märkten zu antizipieren und den erforderlichen Anpassungsprozess zu moderieren. Namhafte Unternehmer aus der Nachkriegszeit liefern hinreichende Beispiele. Neckermann würde sich die Augen reiben, wie Jeff Bezos mit Amazon das Kataloggeschäft revolutioniert und aus einem Bücherversand einen weltweit dominierenden Konzern geschmiedet hat. Allerdings mag das Größenwachstum dem Stern im Onlinehandel langfristig ebenfalls zum Nachteil gereichen. Mittlerweile haben zahlreiche Neueinsteiger die Digitalisierung im Handelsgeschäft erfolgreich kopiert. Noch bietet das internetbasierte Plattformkonzept unzählige Anwendungsmöglichkeiten. Das eigene Geschäftsmodell unermüdlich zu hinterfragen, Organisation, Fertigung und Produktdesign regelmäßig in Frage zu stellen, ist eine permanente Aufgabe des Managements, um den Fortbestand des Unternehmens zu sichern.

Nachhaltigkeit ist keine Strategie

Viele europäische Unternehmen stöhnen unter der Vielzahl von Regulierungen der Europäischen Kommission aus Brüssel. Über ihre Lobbyverbände bemühen sich die betroffenen Branchen, die Auflagen für nachhaltiges Wirtschaften und den Klimaschutz aufzuweichen. Verpflichtende Nachhaltigkeitsberichte werden als Zumutung empfunden. Das in der EU thematisierte Lieferkettengesetz wird als eine neuerliche Wettbewerbsbremse und ein Bürokratiemonster ausgemacht. Tatsächlich soll das EU-Lieferkettengesetz dazu beitragen, die Arbeitsbedingungen weltweit zu verbessern, Arbeitsgesetze einzuhalten und Menschenrechte und Umwelt besser zu schützen. In Deutschland gibt es bereits seit 2023 eine Verpflichtung großer Unternehmen (ab 3.000 Mitarbeiter bzw. 1.000 Mitarbeiter ab 2024), ihre direkten Zulieferer auf Verstöße von Bestimmungen zum Menschen- und Arbeitsrecht sowie deren Einhaltung von Umweltschutzbestimmungen regelmäßig zu überprüfen. Die Sorgfaltspflicht umfasst den eigenen Geschäftsbereich, direkte Lieferanten und mittelbare Lieferanten im In- und Ausland.[77] Das Gesetz verlangt unter anderem die Einrichtung eines Risikomanagements, regelmäßige Risikoanalysen, die Einbindung in den Beschaffungsprozess und das Ergreifen von korrigierenden Maßnahmen, wenn sich Einheiten im eigenen Geschäftsbereich oder direkte und indirekte Lieferanten nicht an die gesetzlichen Vorgaben in den Bereichen Umweltschutz und Menschenrechte halten. Die Nichtbeachtung von Bestimmungen des Lieferkettensorgfaltsgesetz (LkSG) kann mit Geldbußen von bis zu 8.000 Euro oder bei Gesellschaften mit mehr als 400 Millionen Euro Umsatz mit zwei Prozent des weltweiten durchschnittlichen Jahresumsatzes geahndet werden.

Ganz neu sind die Verpflichtungen nicht. Ähnliche Vorgaben gehören seit langem zum Selbstverständnis eines gut geführten Unternehmens im Sinn der Corporate Governance. Die Einhaltung geltender Gesetze und Bestimmungen, wo immer ein Unternehmen aktiv ist, gehört zum Katalog der Compliance-Richtlinien. Siemens und andere Konzerne haben schon Anfang der 2000er Jahre ihren Lieferanten die Zustimmung zur Durchführung nicht angekündigter Audits zur Überprüfung der Arbeitsverhältnisse und anderer möglicher Gesetzesverstöße abgerungen. Der Autor selbst hat in China mit hunderten Lieferanten solche Verträge ausgehandelt. Fraglos sollte die Bewertung von Risiken anfälliger Prozesse und Betriebseinheiten zum Risikomanagement jedes Unternehmens gehören. Die EU-Vorlage geht in Teilen über nationale Regelungen hinaus und greift bereits bei einer Unternehmensgröße von 500 Mitarbeitern. Zudem sieht es ein Recht Betroffener zur Klage auf Schadenersatz von involvierten Unternehmen vor. Da deutsche Firmen ohnehin bereits der Sorgfaltspflicht hinsichtlich ihrer Lieferkette unterliegen, könnte die einheitliche Verpflichtung aller EU-Unternehmen sogar einen Wettbewerbsvorteil erbringen.

Eine Studie des Bundesverbandes Materialwirtschaft, Einkauf und Logistik (BME) und des Risikomanagement-Unternehmens Integrity Next aus dem Jahr 2023 legt jedoch offen, dass lediglich 13 Prozent der befragten Unternehmen mit mehr als 1.000 Mitarbeitern Kenntnis über mögliche Menschenrechts- und Umweltschutzverletzungen bei ihren unmittelbaren Geschäftspartnern haben.[78] Dabei können diesbezügliche Vorkommen massive Folgen für ein Unternehmen haben. Eine Selbstmordserie bei dem taiwanesischen Elektronikhersteller Foxconn, unter anderem Zulieferer für das iPhone, wegen zu harter Arbeitsbedingungen brachte Apple 2010 heftig unter Druck und setzte den Techstar internationaler Kritik aus.

Plötzlich war das trendige iPhone mit Blut beschmutzt. Apple reagierte und drängte den Weltmarktführer von Computerkomponenten, die Arbeitsverhältnisse umgehend zu verbessern. Die Löhne der Arbeiter wurden in Stufen bis zu 70 Prozent erhöht. Am 24. April 2013 starben in einer Textilfabrik in Bangladesch mehr als 1.000 Menschen, über 2.000 weitere, meist Arbeiterrinnen, wurden verletzt. Risse in den Gebäudewänden sollen die Einsturzgefährdung schon Tage zuvor angezeigt haben. Dennoch leitete die Unternehmensleitung offenbar keinerlei Schutzmaßnahmen ein und zwang die Beschäftigten, weiter zu produzieren. Ein Beitrag der Bundeszentrale für politische Bildung vom April 2018 stellte fest: Obwohl es nach dem tragischen Ereignis in Rana, Bangladesch, zahlreiche Verbesserungen der Arbeitsbedingungen gab, verhindert der intensive Konkurrenzkampf in der Textil- und Sportartikelindustrie eine globale Verbesserung der Arbeitsbedingungen in den Nähstuben der Welt.[79] Auftraggeber der Fabrik in Rana waren unter anderem bekannte europäische Modefirmen wie Primark, Benetton, Mango, C&A, KiK und Adler beziehungsweise deren Zulieferer. Auf Druck der Öffentlichkeit wurde ein Entschädigungsfonds eingerichtet, der mehr als 30 Millionen Dollar erbrachte. Im Mai 2020 machte ein Beitrag des Magazins *Spiegel* auf die menschenunwürdigen Arbeitsbedingungen in Kobaltminen aufmerksam.[80] Kobalt wird überwiegend zur Herstellung von Lithium-Ionen-Akkus eingesetzt. Das chemische Element wird aber auch bei Werkzeugen, in der Medizintechnik, im Automobilbau und als Katalysator verwendet. Der italienische Fotograf Luca Catalano Gonzaga hat die Arbeitsverhältnisse der Minen im Süden der Demokratischen Republik Kongo, in denen auch Kinder arbeiten, dokumentiert. 60 Prozent der weltweiten Kobaltförderung kommen aus dem Kongo. Platz zwei nimmt Sambia ein. Journalisten der ZDF-Fernsehsendung *Frontal* und des *Spiegel* deckten Anfang 2024 eine aktive Beteiligung von Mitarbeitern eines BASF Joint Ventures in der chinesischen Provinz Xinjiang an Überwachungsmaßnahmen der ethnischen Minderheit der Uiguren im Auftrag der chinesischen Regierung auf. Auf Druck der Inter Parliamentary Alliance on China (IPAC), einer internationalen Gruppe von Parlamentariern, gab der CEO von BASF Anfang Februar 2024 den geplanten Verkauf der Joint Venture-Anteile bekannt. Der Automobilbauer Volkswagen hält trotz wiederholter Berichte über Menschenrechtsverletzungen und mutmaßlicher Zwangsarbeit von Uiguren in seinem Werk in der Provinz Xinjiang unverändert an seinem Investment fest. Die Volksrepublik China ist für VW mit einem Anteil von fast 40 Prozent verkaufter Fahrzeuge der größte Einzelmarkt. Der Druck auf VW, seine Aktivitäten in der umstrittenen Region herunterzufahren, steigt hingegen. Das Beispiel von BASF strahlt auch auf andere internationale Unternehmen aus. Eine Investition, die die Unternehmen teuer zu stehen kommt.

Die umfassende Wahrnehmung der Verantwortung für umweltgerechtes und Menschenrechte achtendes Verhalten kann den freien Kräften des Marktes alleine wohl nicht überlassen werden. Die bereits zitierte Studie offenbarte, dass die Mehrzahl der befragten Unternehmen Umwelt- und Menschenrechtsaspekte nicht aus eigener Überzeugung bei ihren Geschäftsentscheidungen berücksichtigen, sondern nur, weil sie entsprechende Gesetze dazu zwingen. So sehen sich Unternehmen genötigt, neue Abteilungen aufzubauen, um den Behördenforderungen gerecht zu werden. Nur wenige Marktakteure begreifen die Ausrichtung der Wirtschaft auf ein ökologisch ausgeglichenes System als Chance, ihr Geschäft zukunftssicher zu machen. Wer auch die nächsten 100 Jahre bestehen will, sollte sich klar machen, dass dies ohne Anpassung an die Grenzen des Systems Erde nicht möglich ist. Ein paar Bäume im Regenwald als Kompensation für umweltschädliche Herstellungsprozesse zu finanzieren reicht dafür nicht aus. Ebenso wenig wie der CO2-Ablasshandel, mit dem Umweltsünden erlassen werden sollen. Nachhaltigkeit beginnt bei der ersten Idee für ein neues Produkt. Welche Materialien kann ich einsetzen, ohne der Umwelt zu schaden und die verfügbaren Grundstoffe weiter zu verringern? Wie lässt sich der Herstellungsprozess gestalten, ohne zur Erderwärmung beizutragen? Kann das neue Produkt mit geringem Energieaufwand in seine Bestandteile zerlegt werden und einer Wiederverwendung zugeführt werden? Wie steht es um die Langlebigkeit der Ware? Kann der Anteil rezyklierter Einsatzstoffe erhöht werden?

Die Firma Tesa hat sich schon früh über die Wieder- und Mehrfachverwendung ihrer Produkte Gedanken gemacht. Das bekannte transparente Tesaband wird mittlerweile aus 90 Prozent recycelten PET-Flaschen hergestellt. Die entwickelten Kleber sind leicht lösbar, sodass Komponenten eines Smartphones ohne Zerstörung ausgebaut und wiederverwendet werden können. Tesa hat sich zum Ziel gesetzt, bis 2030 den Anteil recycelter oder bio-basierter Materialien in seinen Produkten auf 70 Prozent zu steigern. Wer wie Tesa Nachhaltigkeit und Kreislaufwirtschaft zur Priorität macht, muss auch seine Lieferanten einbeziehen. Tesa gehört mit seiner Unternehmensphilosophie zu den deutschen Weltmarktführern.

Künstliche Intelligenz, Augmented Reality, Blockchain-Technologie, Internet of Things und Quantentechnologie sind der Nährboden, auf dem neue Produkte, Dienstleistungen und innovative Geschäftsmodelle entstehen, die angestammte Industrien, Unternehmen und Arbeitsplätze verschwinden lassen. Auf viele Unternehmen stürzen diese Entwicklungen völlig unvorbereitet ein. Hinzu kommt, dass die neuen Technologien nicht nur in atemberaubendem Tempo auf die Unternehmenslenker einfallen, sondern auch sehr komplex und unverständlich daherkommen. Vielfach fehlt es den Betrieben an Mitarbeitern mit dem erforderlichen Fachwissen und dem Know-how, neue Anwendungen und Produkte auf Basis der neuen Techniken zu entwickeln. Neben der Rasanz, mit der diese Entwicklungen voranschreiten und als disruptiv empfunden werden, gilt es, den Zeitgeist der Nachhaltigkeit einzufangen und in die Unternehmensentwicklung einzubeziehen.

Die Berücksichtigung aller Aktivitäten von der Produktentstehung über Beschaffung, Fertigung, Vertrieb und Lebenszyklus unter Umwelt- und Nachhaltigkeitsaspekten sollte Teil der DNA eines Unternehmens werden. Nachhaltigkeit ist kein Thema, das der Strategieabteilung überlassen werden sollte. Nachhaltiges Denken und Handeln muss Unternehmenskultur werden und in allen Unternehmensbereichen gelebt werden. Wenn Nachhaltigkeit zur Selbstverständlichkeit der Unternehmensführung wird, braucht es keine gesonderten Abteilungen.

Unternehmertum als Dienstleistung

Wagen wir einmal das Gedankenexperiment und stellen die Wirtschaft auf ihren Ursprung zurück. Also auf null, als noch jeder Mensch alles selbst für die Versorgung seiner Familie herstellte. Sehr schnell bemerkte man, dass der Nachbar ein besseres Talent besaß, um das Brot zu backen oder die Pferde zu behufen. Die arbeitsteilige Dienstleistungsgesellschaft nahm ihren Anfang. Stellen wir uns vor, der Bäcker von nebenan würde eben nur Backwaren herstellen, um sein Talent der Gesellschaft als Dienstleistung zur Verfügung zu stellen. Ebenso würde der Architekt Häuser entwerfen, weil er es besser kann als andere und er sein Können der Gesellschaft zur Verfügung stellt. Dieses Konzept der gegenseitigen Dienstleistung wurde in den 1960ern und 1980ern des 20. Jahrhunderts von einigen Kommunen erprobt. Ein prominentes Beispiel ist das von der Französin Mira Al Fassa initiierte „global village"-Projekt. An der Südostküste im indischen Bundesstaat Tamil Nadu gelegen, beherbergt das in den 1960er Jahren gegründete Auroville oder auch „global village" genannte Dorf noch heute ca. 2.000 Einwohner. Die Idee der durch Indien reisenden Französin war es, einen Ort zu schaffen, an dem alle Nationen friedlich und in Harmonie mit der Natur miteinander leben und den Schutz der Umwelt als gemeinschaftliches Ziel betrachten. Das lebende Laborexperiment, wie es Johanna Treblin in einem Artikel beschreibt[81], wurde 1996 auch von der UNESCO unterstützt. Auf rotem Sand gegründet, nahm eines der größten Aufforstungsprojekte Indiens durch die ersten Bewohner des neuzeitlichen Babylons seinen Anfang. Heute spenden rund zwei Millionen Bäume den Einwohnern Schatten und Wohlfühlklima. Auroville ist bis heute ein Experiment geblieben, wenngleich einzigartig unter den tausenden anderen Eco-Dörfern, die mittlerweile weltweit entstanden sind. Es kann aber als Blaupause dienen, wie das Zusammenleben und die Städte der Zukunft gestaltet werden können. Ein zentrales Element der Lebensgemeinschaft der Zukunft ist die lokale Versorgung seiner Mitglieder, soweit möglich. Nahrungsmittel und andere Güter des täglichen Bedarfs kommen aus der näheren Region, Energie wird dezentral durch die Bewohner erzeugt. Die Erfüllung der Nachfrage nach Gütern folgt dem Dienstleistungsgedanken und nicht der Gewinnmaximierung. Geld wird es sicher nur noch in Form von Kryptowährungen digital geben und wieder dem ursprünglichen Zweck der Vereinfachung des Waren- und Dienstleistungstausches dienen. Spekulation ist diesem Wirtschaftsmodell fremd. Spekulation liefert keinen Beitrag zum Bruttowohlstandsprodukt. Wohlstand drückt sich nicht mehr in materiellem Reichtum aus, sondern in dem Grad, wie die Gemeinschaft versorgt ist und Erfüllung in ihrem Beitrag zum Zusammenleben findet. Diese Vision ist auch in Auroville bis heute Utopie geblieben und wird in dieser Ausprägung vielleicht nie erreicht werden. Entscheidend ist jedoch, dass wir in den Transformationsprozess einsteigen, der uns wieder näher in Einklang mit der Natur und unserem Ökosystem bringt. Und hinterfragen, ob die Anhäufung materieller Güter das erstrebte Wohlgefühl bringt und die Sicherheit, dass wir auch morgen an einem gedeckten Tisch sitzen und uns um unsere Versorgung keine Gedanken machen müssen und in einer Lebensgemeinschaft aufgehoben sind, die auch für uns da ist, wenn wir sie brauchen. Der technologische Fortschritt wird es uns ermöglichen, dass wir kaum noch selbst Hand zur Herstellung der Güter anlegen müssen. Selbst komplizierte Organtransplantationen werden heute schon von Maschinen zuverlässiger ausgeführt als von den erfahrensten Chirurgen, die immer häufiger übermüdet am OP-Tisch ihre Kunst demonstrieren. Niemand muss mehr am Fließband eintönige Arbeit verrichten. Intelligente Roboter werden solche Tätigkeiten wesentlich produktiver und zu jeder Tag- und Nachtzeit erledigen können. Manches Produkt könnte sogar per Knopfdruck on-demand hergestellt und geliefert werden. Wir können die Ressourcen also wesentlich ökonomischer einteilen und sie nutzen, wenn wir sie gerade brauchen. Auf Halde zu produzieren wäre vollkommen widersinnig.

Die freigesetzte Arbeitszeit steht für mehr geistige, künstlerische und andere gesellschaftsrelevante Aufgaben zur Verfügung. Alten- und Sozialpflege werden einen deutlich höheren Stellenwert einnehmen als heute. Der Einsatz der überschüssigen arbeitsfreien Zeit und deren sinngebenden Verwendung ist wohl eine der größten Herausforderungen der Zukunft. Nun kann man einwenden, dass uns dies schon mehrfach in der

Vergangenheit gelungen ist. Trotz kontinuierlicher Reduzierung der Arbeitszeit über mehr als 100 Jahre seit der Industrialisierung erreichen wir im Jahr 2023 immer noch Vollbeschäftigung. Im Gegenteil fehlen in den europäischen Industrieländern dringend benötigte Fachkräfte, die Zahl der angebotenen Ausbildungsstellen übersteigt bei Weitem die Nachfrage. Besonders in Deutschland lässt sich diese Entwicklung auf eine fehl- und rückwärtsgewandte Industrie- und Bildungspolitik zurückführen. Es gibt nicht nur zu wenig Handwerker und Mitarbeiter in den Servicebereichen, es fehlen auch ausreichend Lehrer, um einen den Anforderungen der Zukunft entsprechend hohen Ausbildungsstand zu gewährleisten. Nach Einschätzung des Präsidenten des Deutschen Lehrerverbands, Heinz-Peter Meidinger, lag die Zahl der unbesetzten Lehrerstellen in Deutschland 2023 zwischen 32.000 und 40.000. Viele Stunden des vorgesehenen Ausbildungsplans mussten gestrichen werden.[82] Die Situation mag sich in der Zukunft aufgrund der zu geringen Ausbildung von Lehrkräften noch erheblich verschärfen. Die Antwort der Politiker auf den Fach- und Lehrkräftemangel erscheint eher aktionistisch als einem langfristigen vorausschauenden Konzept folgend.

Zahlreiche Unternehmen reklamieren für sich, dass der Kunde im Zentrum ihrer Aktivitäten stehe. Aber ist das so? Die knallharten Zielvorgaben für die Mitarbeiter sprechen eher eine andere Sprache. Ebenso erwarten die Investoren die höchstmögliche Rendite ihrer Einlage und nicht den maximalen gesellschaftlichen Beitrag des Unternehmens. Das Dienstleistungskonzept, von dem hier die Rede ist, stellt als erstes die Frage: Welchen Nutzen hat mein Produkt, mein Angebot für den Käufer? Tim Jackson drückt es so aus: „Wir sollten vielmehr das Unternehmensziel so interpretieren, dass es „menschliche Dienstleistungen“ liefert, die die Lebensqualität verbessern...".[83] In diesem Unternehmensmodell kommt es nicht auf maximalen Materialdurchsatz an, sondern es geht um die Fokussierung auf den Kundennutzen. Neben der unmittelbaren Nachfrage nach Nahrung, Kleidung, Unterkunft und medizinischer Versorgung gehören dazu auch die Bewahrung eines ökologischen Gleichgewichts und der Schutz unserer Lebensgrundlagen. Der Nutzen von Lebensmitteln liegt in erster Linie in der Versorgung des Menschen mit ausreichend Energie und Vitalstoffen zur Erhaltung seiner Gesundheit. Der übermäßige Genuss zumeist ungesunder Süßigkeiten und anderer Speisen führt hingegen zur Verschlechterung der körperlichen Konstitution mit den bekannten Symptomen Diabetes, Bluthochdruck, Adipositas und anderen Stoffwechselstörungen. Die vollen Arztpraxen und Untersuchungen belegen, dass eine wachsende Zahl von Menschen mehr Nahrungsmittel und Naschzeug zu sich nimmt, als es eine gesunde Ernährung gebietet. Knapp drei Milliarden Menschen sind laut Statista übergewichtig. Die Kosten für die Gemeinschaft könnten sich von heute zwei Milliarden US-Dollar im nächsten Jahrzehnt mehr als verdoppeln.[84] Die Prävalenz von Diabetes 2 wächst besonders rasant in Ländern mit niedrigem und mittlerem Einkommen. Die weltweiten direkten Gesundheitskosten zur Behandlung von Diabetes erreichen schon heute fast eine Billiarde Dollar, Tendenz steigend.[85] Wer es ernst meint mit dem Kundennutzen, sortiert die Süßigkeiten eher in weniger exponierte Lagerstellen.

Die Dienstleistungsorientierung in diesem Postwachstumsansatz beschränkt sich nicht auf die Ausdehnung des konventionellen Dienstleistungsgewerbes, welches teilweise ebenfalls auf einen hohen Materialdurchsatz setzt, sondern meint die Ausrichtung der wirtschaftlichen Aktivitäten auf den Zweck, den der Kunde damit erzielen will. Das Produkt spielt dabei eine untergeordnete Rolle und ist nur das Vehikel, den Nutzen zu ermöglichen. Beim Thema Transport, das schon angesprochen wurde, geht es eher darum, wie ich am angenehmsten von A nach B komme. Wir konzentrieren daher unsere Schaffenskraft auf die bestmöglichen Beförderungsmittel und optimalen Transportwege mit der geringsten negativen Auswirkung auf unsere Umwelt und das Klima. Konsequent gedacht, wird es immer weniger Individualverkehr mit dem eigenen Auto geben. Einige deutsche Städteplaner reduzieren bewusst die Parkplatzquote in Neubaugebieten, um die Anwohner anzuregen, mehr auf den öffentlichen Nahverkehr, Carsharing-Modelle und andere innovative Mobilitätsangebote zu setzen. Automobilhersteller und die Zulieferindustrie befinden sich in einer umwälzenden Transformation.

Wenn wir Mensch und Natur – Synonym für das umgebende Ökosystem – in das Zentrum wirtschaftlichen Handelns stellen, kommen wir zu völlig anderen Unternehmensleitlinien. Der Betrieb versteht sich als Sozialgebilde, eingebettet in das Gemeinwesen, der einerseits Arbeit als gesellschaftliche Teilhabe bereitstellt, und andererseits die Bedarfe der Sozialgemeinschaft zur Erreichung und Erhaltung eines angemessenen Wohlstands bereitstellt. Gründerväter wie Werner-von-Siemens investierten in betriebseigene Sportstätten und Büchereien. Sie beteiligten sich an der Gesunderhaltung der Mitarbeiter in eigenen Rekreationseinrichtungen, bis diese kostspieligen Sozialbeiträge dem Shareholdervalue und Economic Value Added-Ansatz als Messgröße des Geschäftswertbeitrages zum Opfer fielen. In Deutschland finden sich noch vor allem bei Familien- und inhabergeführten Unternehmen vergleichbares soziales Engagement und das Verständnis, integrales Element des Sozialgefüges zu sein. Hier sollte eine Transformation hin zu einer dienstleistungsorientierten Körperschaft am ehesten zu realisieren sein. Die Frage ist berechtigt, ob es unter den neuen

Parametern volkswirtschaftlich sinnvoll und erforderlich ist, Zehntausende Mitarbeiter zu entlassen, weil der Umsatzeinbruch eine zweistellige Gewinnmarge gefährdet. Arbeitslosigkeit ist häufig mit Ausgrenzung und Abwertung innerhalb der Gesellschaft verbunden. Die Abhängigkeit, den Lebensunterhalt von der Gemeinschaft finanziert zu bekommen, mindert das Selbstwertgefühl. Arbeitslosigkeit in großem Umfang verringert das Wohlstandsniveau. Für das Individuum wie für die Allgemeinheit ist Arbeit ein wichtiges Wohlstandselement. Die Abkehr von einer wachstumsorientierten Volkswirtschaft eröffnet das Potential zu einem stabileren Gemeinwesen, in dem jeder am Wohlstand partizipiert.

Globalisierung versus Regionalisierung

Die Corona-Pandemie wird uns als die bisher verheerendste Infektionskrankheit seit der Spanischen Grippe noch lange im Gedächtnis bleiben. Nicht nur wegen der persönlichen Einschränkungen, die die Menschen weltweit erleben mussten. Der Zusammenbruch der Lieferströme aus Asien hat die gesamte Weltwirtschaft in eine Rezession gezogen. Dringend benötigte Komponenten und andere Konsumartikel waren plötzlich nicht mehr verfügbar. Produktionsstätten in den Empfängerländern standen still. Die Pandemie hat die Schwachstellen des Systems der globalen Arbeitsteilung schmerzlich sichtbar gemacht. Der Drang, Produktionsstätten als Werkbänke der reichen Industrienationen in Länder mit niedrigen Standortkosten zu verlagern, um wettbewerbsfähig zu bleiben und den Investoren hohe Renditen zu gewährleisten, hat sich bitter zum Nachteil gewandelt und geostrategische Abhängigkeiten in den Fokus gerückt. Der mittlerweile zwei Jahre andauernde und von Russland begonnene Krieg gegen die Ukraine, sowie der zermürbende Kampf Israels gegen die palästinensische Terrororganisation

Hamas nach deren Massaker an über Tausend Israelis am 7. Oktober 2023, am höchsten jüdischen Feiertag Jom Kippur, haben erneut das weltweite Versorgungssystem stocken lassen.

Der Ausfall der internationalen Lieferketten trifft in besonderem Maße Länder mit geringen eigenen Rohstoffvorkommen und hohem Importanteil. Deutschland durchlief eine Schockwelle, nachdem Russland Ende 2022 die Gaslieferung als Antwort auf Sanktionen wegen des Ukraineüberfalls einstellte. Im Vorjahr belief sich der Anteil preiswerter russischer Gasimporte noch auf 51 Prozent.[86] Die deutschen Heizungen drohten im Winter 2022/2023 kalt zu bleiben, fehlendes Industriegas Arbeitsplätze zu gefährden. Der Gaspreis explodierte kurzzeitig auf das Vierfache seines Vorkrisenniveaus. Die Republik war erschüttert. Letztendlich traten die schlimmsten Szenarien aufgrund rascher politischer Gegenmaßnahmen nicht ein. Milde Wintertemperaturen und Sparappelle ließen den Verbrauch 2023 zudem um 17,5 Prozent gegenüber dem Vierjahresmittelwert 2018-2021 sinken; Industriekunden sparten über 18 Prozent, Haushalts- und Gewerbekunden über 16 Prozent Gas.[87]

Die goldenen Jahrzehnte der Globalisierung, angetrieben von dem enormen Wirtschaftsaufschwung Chinas, scheinen zumindest vorerst vorbei zu sein. Das Lieferkettengesetz Europas oder der „Uyghur Forced Labor Prevention Act“ (UFLPA, Verhinderung von Zwangsarbeit von Uiguren) der USA zwingen Unternehmen, ihre Standort- und Lieferantenpolitik neu zu bewerten. Seit Inkrafttreten des UFLPA hat der amerikanische Zoll über 7.000 Lieferungen im Wert von fast vier Milliarden Dollar wegen Verdachts auf Zwangsarbeit durch muslimische Uiguren festgehalten. Darunter befinden sich 13.000 Nobelkarossen des VW-Konzerns im Wert von knapp einer Milliarde Euro. 71 chinesische Unternehmen wurden auf eine schwarze Liste gesetzt.[88] Produkte, die Komponenten von diesen Herstellern enthalten, dürfen nicht in die USA eingeführt werden. Ob aus politischem Kalkül gegen China gerichtet oder humanitären Gründen, der amerikanische Kongress zielt nicht nur auf europäische Unternehmen. Im Sommer 2023 leitete der US-Kongress eine Untersuchung gegen Ford ein. Ford hatte eine Partnerschaft mit dem chinesischen Batteriehersteller CATL bekannt gegeben. Lithium-Ionen-Batterien verwenden Kobalt, das im Kongo von chinesischen Minenbetreibern unter fragwürdigen Arbeitsbedingungen abgebaut wird. Ford trat kurz nach Beginn der Untersuchungen von dem gemeinsamen Vorhaben zurück.[89] Tesla und BYD setzen bereits auf Lithium-Eisen-Phosphat-Batterien, die ohne Kobalt auskommen.[90]

Neben die geopolitischen Risiken gesellen sich verstärkt Standortrisiken, die der Klimawandel mit sich bringt. Wie in den vorigen Kapiteln beschrieben, führt die Erderwärmung zu einer massiven Veränderung der klimatischen Verhältnisse in den unterschiedlichen Regionen der Erde. Die Wissenschaftler des Weltklimarates haben sehr zuverlässige Simulationen der Treibhausgaseffekte entwickelt. In dem aus heutiger Sicht wahrscheinlichsten Szenario (SSP2-4.5[8]) wird die Erde um 2,1 bis 3,5 Grad Celsius bis Ende dieses Jahrhunderts gegenüber dem vorindustriellen Zeitraum (1850 bis 1900) aufgeheizt. Die 2-Gradschwelle wird demgemäß zwischen 2041 und 2060 überschritten. Die Wissenschaftler der Arbeitsgruppe I des Weltklimarates stufen dieses Ereignis unter den Annahmen der genannten Modellvariante des sozioökonomischen Pfades als *extrem wahrscheinlich* ein.

---

[8] SSPx-y = Socio economic pathway (sozioökonomischer Entwicklungspfad; x = Modellnummer; y = W/m² = Strahlungsintensität in Watt pro Quadratmeter)

Die Folgen sind häufigere und intensivere Niederschläge und Flutkatastrophen, vor allem in Afrika und Asien. Auch deutlich mehr Regionen in Nordamerika, den Pazifischen Inseln und Europa werden von diesen Naturereignissen betroffen sein. Die klimatischen Treiber werden sich verstärken. Die Zahl von Überschwemmungen und tropischen Zyklonen nimmt signifikant zu. Ihre Wirkung wird deutlich zerstörerischer sein. Bei 2 Grad Celsius und höherer Erderwärmung werden fernerhin häufigere und längere Phasen von Trockenheit und Dürre vorhergesagt. Dies betrifft verschiedene Regionen in Afrika, Südamerika and Europa.[91] Mit mittlerer Wahrscheinlichkeit wird dies auch zu einem Anstieg von Trockenphasen in Australasien, Zentral- und Nordamerika sowie in der Karibik führen. Auf der Internetseite des Weltklimarates, www.ipcc.org, finden sich für mehrere Regionen spezifische Auswertungen der fünf Modellvarianten.

Für Unternehmen bedeuten die Vorhersagen des 6. Sachstandsberichtes des Weltklimarates, dass die Zuverlässigkeit der globalen Beschaffungswege in dem Maße abnimmt, in dem klimapolitische Maßnahmen weiter verzögert werden. Mit jedem Jahr, in dem es uns nicht gelingt, die größten Treiber der Erderwärmung, CO2 und Methan, drastisch zu reduzieren, steigt das Risiko der globalen Vernetzung für Beschaffung und Absatz. Das Risiko trifft die verschiedenen Industriezweige und Produzenten in sehr unterschiedlichem Maße. Der Gesundheitssektor, die Medizin- und Sicherheitstechnik oder der Katastrophenschutz mögen sogar von diesen Entwicklungen teilweise profitieren. Konsumgüter- und Nahrungsmittelindustrie werden tiefgreifendere Veränderungen in ihre strategischen Überlegungen einbeziehen müssen.

Selbst wenn die Wissenschaftler nicht in allen Punkten zur gleichen Bewertung kommen, sind die Ergebnisse hinreichend genug, die Szenarien ernsthaft in die strategischen Entscheidungsprozesse der Unternehmenslenker einzubeziehen. Lieferanten von heute können morgen schon nicht mehr existieren, Transportwege unterbrochen oder für immer nicht mehr nutzbar sein, Absatzmärkte nicht mehr existieren. Solchen Entwicklungen sind und waren Unternehmer schon immer ausgesetzt, werden manche Leser dieser Zeilen einwenden. Der Unterschied der beschriebenen Szenarien zur Vergangenheit liegt in ihrer Dynamik, der globalen Ausdehnung und der Intensität.

Die Regionalisierung von Wertschöpfungsketten reduziert den Kapitalbedarf, verringert den Ressourcenverbrauch und klimatischen Fußabdruck und stärkt den sozialen Zusammenhalt. Wie Dirk Posse aufzeigt, trägt die Lokalisierung auch zur Minderung des Wachstumsdrucks bei.[92]

Unternehmenswertsteigerung mit Nachhaltigkeit

Was würde passieren, wenn ein Unternehmen heute entscheidet, nicht mehr zu wachsen? Den erreichten Status Quo zu bewahren, die zur Verfügung gestellten Arbeitsplätze langfristig zu erhalten, möglicherweise eine solide abgesicherte betriebliche Altersversorgung sicherzustellen, stabile, auf viele Jahre ausgerichtete Lieferantenbeziehungen zu unterhalten? Solche Unternehmen gewinnen bei Arbeitnehmern, Zulieferern und Kunden sehr wahrscheinlich an Attraktivität. Versprechen sie doch Sicherheit und Zuverlässigkeit für alle Interessengruppen. Kein Stress, den Arbeitsplatz bei der nächsten Umsatzdelle zu verlieren. Keine Sorge, den Beschaffungsvertrag jedes Jahr neu verhandeln zu müssen – Stabilität der Versorgungslage für beide Seiten. Alle Parteien können sich entspannt auf die nachhaltige Entwicklung von Produkten, Prozessen und Kundenbindung konzentrieren. Keine Abhängigkeit von Quartalsberichten mit auf Kurzsichtigkeit ausgerichteten Leistungsindikatoren. Im Vordergrund dieser Unternehmen stehen der Schutz der Umwelt, der Erhalt des umgebenden Lebensraumes, eine zufriedene Lebensgemeinschaft, regeneratives Wirtschaften und die Bewahrung der Biodiversität. Das hört sich doch sehr utopisch an. Solche Unternehmen werden schnell vom Wettbewerb aufgefressen. Und dennoch finden sich immer mehr solcher Firmen, die sich nachhaltige Unternehmensführung auf ihre Fahnen geschrieben haben. Der Gebrauchtanbieter Rebuy setzt seit 20 Jahren auf die Reparatur und Aufarbeitung von gebrauchten Elektronikgeräten und hält sich im Markt gegen alle Widerstände. Neuerdings muss er sich allerdings gegen Billiggiganten wie Temu oder Shein aus China stemmen. Das geplante Reparaturpflichtgesetz der EU bestärkt die Gründer der Firma, frühzeitig eine weitsichtige Entscheidung getroffen zu haben. Trigema ist ein weiteres deutsches Beispiel, das dafür bekannt ist, auch in schwierigen Zeiten zu seinen Mitarbeitern zu stehen und seine Vorprodukte weitestgehend regional beschafft. Patagonia kann als Urgestein nachhaltiger Unternehmensentwicklung genannt werden. Yvion Chouinard und Tom Frost, beide begeisterte Kletterer und Gründer des Vorläufers von Patagonia – Chouinard Equipment für Bergsteigerausrüstung –, entwickelten 1972 den Spreizhaken, nachdem sie realisierten, dass die von ihnen heiß nachgefragten Kletterhaken, die bewunderten Berge sowohl beim Einschlagen wie auch beim Lösen dauerhaft beschädigten. Yvion Chouinard hat sich bis heute dem Umweltschutz verschrieben und kennt nur einen Shareholder, Mutter Erde.

Ein Grund, warum es noch wenige Unternehmen gibt, die dem Beispiel von Yvion Chouinard und den zahlreichen kleinen Pionieren, die um ihre Existenz kämpfen müssen, folgen, liegt in den intrinsischen selbstverstärkenden Kräften des praktizierten Wachstumssystems. Die Finanzierung des Unternehmens stellt in diesem Zusammenhang eine der treibenden Faktoren dar. Geldgeber schauen sich sehr genau die wirtschaftliche Entwicklung eines Kapitalnehmers an. Wer stetig wächst, dem traut man auch in Zukunft die Fähigkeit zu, positive Cashflows und Gewinne zu generieren, um die Verbindlichkeiten wie vereinbart ablösen zu können. Die Projektion zukünftiger Geldzuflüsse basiert dabei zumeist auf den Ergebniszahlen der jüngsten Vergangenheit und gegenwärtigen Leistungsbilanz. Die Wachstumsraten orientieren sich an der angenommenen Marktentwicklung, dem Industriesektor und eigenen Einschätzungen der Wettbewerbsfähigkeit. Dieses Zahlengerüst kann schnell zusammenbrechen, wenn sich die eingeschätzten Markt- und Rahmenbedingungen nicht einstellen oder gar völlig wegbrechen, wie skizziert. Börsennotierte Kapitalgesellschaften sind dem Wachstumsdruck besonders stark ausgesetzt. Sogenannte Wachstumsaktien werden oft mit einem überdurchschnittlich hohen – teilweise gar astronomischen – Kurs-Gewinn-Verhältnis bewertet und ziehen Investoren an, wie Mist die Fliegen. In die Bewertung des Unternehmens fließt die zukünftige Entwicklung der Geschäftstätigkeit, des Marktes oder der Branche überproportional ein. Start-ups gelingt es auf diese Weise in kurzer Zeit, Milliardenbeträge zur Finanzierung ihrer Vision einzusammeln, obwohl sie das Geld wie Stroh verbrennen. Nur wenige dieser als „Einhorn“ bezeichneten Neugründungen schaffen es tatsächlich, ein dauerhaft profitables Geschäft aufzubauen. Der geringste Zweifel an den gemachten Versprechungen lässt sie dann auch wie heiße Kartoffeln unerbittlich und ohne Verzug aus der Gunst der Investoren fallen. An der Börse notierte Jungunternehmen können binnen Minuten hunderte von Millionen Euro an Wert verlieren. Hochbewertete Techgiganten in der gleichen Zeit Milliarden. Wer sich aufgrund finanzieller Engpässe in die Fesseln von Covenants seiner Geldgeber – Banken, private Finanzierer, Investoren – begeben muss, hat das Spiel meist schon verloren. Die Kredit- und Anleihebedingungen legen fest, was der Gläubiger während der vereinbarten Laufzeit der Geldbereitstellung zu *tun* und zu *unterlassen* hat, um die Rückzahlung der Finanzierungssumme sicherzustellen. Die Handlungsfähigkeit des Unternehmens wird hierdurch erheblich eingeschränkt. Patagonia ging es in seiner Unternehmensgeschichte nicht anders. Das unermüdlich mit verbesserten und innovativen Produkten auftretende Team um Yvon Chouinard gelang ein rasantes Umsatzwachstum. Ende der 1980er Jahre wurde es vom *Inc. Magazine* als das am schnellsten wachsende Privatunternehmen aufgeführt. 1991 wurde der Run durch einen Wirtschaftsabschwung jäh gestoppt. Die Umsätze brachen ein und die Banken riefen die Kreditlinien zurück. Patagonia musste 20 Prozent seiner engsten Mitarbeiter entlassen, um zahlungsfähig zu bleiben. Patagonia war Opfer des eigenen Wachstumshypes geworden. Das Management nahm dieses Ereignis zum Anlass, sich auf seine ursprünglichen Werte und die Unternehmenskultur zu besinnen und überlebte die Krise. Anfänglich zehn Prozent des Gewinns, spendet das Unternehmen jedes Jahr ein Prozent des Umsatzes für soziale und umweltschützende Projekte, egal ob es Gewinn oder Verlust macht. Mit der „One percent for the Planet Initiative“ gewann es auch andere Unternehmen für diese Idee. Es war das erste Unternehmen in den USA, welches einen Betriebskindergarten einrichtete, damit Mitarbeiter die Mittagspause mit den Kindern verbringen konnten. Heute gibt es tausende solcher Einrichtungen.[93] Patagonia steht stellvertretend als Beispiel, wie man sich gegen den Mainstream behaupten und auch als kleines Unternehmen große Wirkung erzielen kann.

Investoren und Geldgeber achten heute genauer darauf, ob ein Unternehmen Umweltschutz und Nachhaltigkeit nicht nur in seinen Firmenkodex schreibt, sondern auch im täglichen Geschäft umsetzt. Unter den beschriebenen Umweltbedingungen trägt das aktive Eintreten für Nachhaltigkeit zur Risikoabsenkung der Finanzierung erheblich bei. Investitionen in nachhaltige Unternehmen sind heutzutage nicht nur beim größten Vermögensverwalter der Welt, Blackrock, bevorzugt.

Anlagen in grüne Technologien und „grüne" Unternehmen werden auch bei Privatanlegern immer beliebter. Geben sie doch Hoffnung, den eingeschlagenen Pfad der Umweltzerstörung aufhalten zu können und die Lebensgrundlagen von morgen zu erhalten. Mithin ist zu erwarten, dass jene Gläubiger auch in hundert Jahren noch existieren, was deren Geschäftswert deutlich steigert. Höherer Unternehmenswert und geringeres Betriebsrisiko finden so ihre Geldgeber und vergleichbar günstigere Finanzierungskonditionen als ihre Konkurrenten, die weiter dem kurzfristigen Erfolg hinterherlaufen.

„The wind of change" (Der Wind des Wandels), einst von den Scorpions angesichts des Falls der Mauer zwischen Ost- und Westdeutschland gesungen, bläst immer stärker. Nachhaltigkeit, Geopolitik und Klimawandel bestimmen das zukünftige Handeln. Es hat wenig Sinn, sich dagegen zu verwehren. Unternehmen sind gefordert, sich unter der rasant fortschreitenden technischen und digitalen Entwicklung auf die zukünftigen Marktbedingungen frühzeitig einzustellen. Dies gelingt am ehesten, wenn man sich die Zeit nimmt, den „Purpose" des Unternehmens zu hinterfragen und zu schärfen, und daraus die neue Vision und Mission abzuleiten. Ein solches Unterfangen führt zur Reflektion der Unternehmens- und Eigentümerstruktur, Stellung im gesellschaftlichen Kontext, der Firmenkultur, Arbeits- und Produktionsweise, den Kernaktivitäten, dem Kapitalbedarf und wie dieser beschafft wird, sowie der erforderlichen Kapitalrendite.

Am Ende des Prozesses sollten wir ein Unternehmen vorfinden, dass im Einklang steht mit dem Ökosystem, in dem es agiert, und somit resilienter ist gegenüber Krisen und sich schneller an Veränderungen anpassen kann. Ein zukunftsfestes Unternehmen.

Wirtschaft neu denken

Das Dogma des stetigen Wachstums hält dauerhaft keiner intensiven Überprüfung stand. Ist es nicht denkbar, dass ein Unternehmen gerade ein wenig mehr für seine Waren und Güter erzielt als diese ihn kosten? Der Gewinn bemisst sich daran, wieviel der Unternehmer benötigt, um neue Investitionen zu tätigen, neues Kapital zu beschaffen und neue Produkte und Lösungen zu entwickeln. Das Ziel seines Wirtschaftens ist nicht die Gewinnmaximierung, sondern die gerade notwendige Erfüllung der Bedarfe in seinen Zielmärkten. Der Shareholder-Value-Ansatz hat dazu geführt, dass Großkonzerne ihren Gewinn und ihre Geschäftsaktivitäten an den Renditeerwartungen der Anteilseigner ausrichten, die möglichst zweistellig sein sollte. Es darf in Frage gestellt werden, ob ein Geschäftsbereich mit weniger als zwölf Prozent oder höherer Gewinnmarge unrentabel wirtschaftet und deshalb zehntausende von Mitarbeitern entlassen werden müssen, oder ob nicht der Erhalt der Arbeitsplätze zugunsten des gesellschaftlichen Beitrags zur allgemeinen Zufriedenheit höher zu bewerten ist, und sich die Mitinhaber mit einer geringeren Rendite zufrieden zeigen würden. In diesem Zusammenhang ist es interessant, dass die sogenannten Dividendenaristokraten, so nennt man Unternehmen, die über 25 Jahre und mehr ununterbrochen eine Dividende zahlen, in der Regel wenig mehr als ein Prozent gemessen am Kapitalwert des Unternehmens jährlich ausschütten.

Anders Indset stellt in seinem Buch „Quantenwirtschaft“ fest: „Das alte System ist mit den neuen Technologien nicht mehr kompatibel.“[94] Er bezieht sich dabei auf die rasant fortschreitende Digitalisierung. Der Punkt ist gesetzt. Auch unser bisheriges Verständnis von Wirtschaften und Zweck und Ziel der

Unternehmensführung passt nicht mehr zu den heutigen Rahmenbedingungen. Während uns in Bezug auf die disruptive Wirkung der Digitalisierung, der Entwicklung von Quantencomputern und dem Einsatz künstlicher Intelligenz allmählich dämmert, dass hierin auch erhebliche Risiken für unsere gesellschaftliche Entwicklung lauern, lässt uns der beschleunigte Klimawandel mit seinen verheerenden Folgen noch überraschend unberührt.

Tim Jackson erinnert in seinem Buch „Wohlstand ohne Wachstum" – das Update – an den Aufsatz von John Maynard Keynes, der gerne von Politikern und Ökonomen zur Rechtfertigung ihres Handelns herangezogen wird. Inmitten der 1929 ausgelösten Weltwirtschaftskrise, begleitet von hoher Massenarbeitslosigkeit, sagte Keynes in seinem 1930 veröffentlichten Essay „Die wirtschaftlichen Möglichkeiten unserer Enkelkinder" voraus, dass schon 100 Jahre später das wirtschaftliche Problem gelöst sei. Bereits 2030 sei die technische und wirtschaftliche Entwicklung so weit vorangeschritten, dass niemand mehr um sein Auskommen fürchten muss. Anstatt für den Lebensunterhalt kämpfen zu müssen, würden die Menschen dann ausreichend Zeit haben, sich um ihre Mitmenschen zu kümmern. Die Herausforderung wird sein, die gewonnene Freizeit sinnvoll zu nutzen. Keynes schlussfolgert, dass das wirtschaftliche Problem, der tägliche Kampf um ein angemessenes Auskommen, in 100 Jahren nahezu überwunden sein wird und somit kein dauerhaftes Problem darstellt. Das damalige wie das heutige Wirtschaftsmodell also nur eine Übergangsphase darstellt. Der über Jahrtausende entwickelte Reflex, für seine Ernährung und das Überleben kämpfen und arbeiten zu müssen, macht es uns allerdings schwer, sich von den eingeübten Ritualen des täglichen Weitermachens, des Reichtum Anhäufens, des Weiterwachsens und noch mehr Rendite erwirtschaften zu müssen, zu lösen.

Keynes Vision wird bis 2030 kaum umfänglich eintreten. Zu Teilen hat sich der Wohlstand in den westlichen Industrienationen allerdings sehr weit seiner Voraussage angenähert. In der Hochzeit der Industrialisierung betrug die tägliche Arbeitszeit in Deutschland nicht selten 14 bis 16 Stunden bei einer Sechs-Tage-Woche. Dies galt auch für arbeitsfähige Kinder.[95] Da musste die „Vision Keynes" einer Arbeitszeit von nur drei Stunden am Tag, um die alten Instinkte zu befriedigen, unvorstellbar erscheinen.

In der neuen Zeit wird das Anhäufen von materiellen Werten keine Rolle mehr spielen. Die Erfüllung des Lebens richtet sich daran aus, wie sehr es jedem gelingt, in seinem sozialen Umfeld einen Beitrag zu leisten. Gesellschaftliche Anerkennung definiert sich nicht mehr über die Anhäufung materieller Güter, sondern dem erfahrenen Reichtum aus positiven Rückmeldungen des sozialen Umfeldes.

Postwachstum gleich Null-Wachstum?

Wie sollte nun ein solches neues Wirtschaftssystem aussehen? Und wie bekommen wir diese Transformation hin? Einige Aspekte wurden in den vorangegangenen Kapiteln angesprochen. Im Zentrum des zukünftigen wirtschaftlichen Handelns, darauf hat der Autor bereits mehrfach verwiesen, muss die Begrenzung regenerativer Ressourcen und Energien stehen. Wir dürfen nur so viel in einer Periode verbrauchen, wie wir an Grund- und Nährstoffen in der gleichen Zeit zurückgewinnen können. Der schwäbischen Hausfrau leuchtet dieser Grundsatz sicherlich leicht ein. Auch der (ökologische) Landwirt bestellt seine

Felder so, dass sie einen regelmäßigen Ertrag ermöglichen und die Böden nicht auslaugen, von denen er schließlich lebt.

In den verschiedenen wissenschaftlichen Publikationen, die sich mit einem alternativen Wirtschaftsmodell befassen, hat sich der Begriff der Postwachstumsgesellschaft oder eines Postwachstumsmodells etabliert. Die Begrenzung des Wachstums, wie es in den vorherigen Kapiteln hergeleitet wurde, ergibt sich schlicht aus der Erkenntnis zum Teil nur limitiert verfügbarer nicht-regenerativer Einsatzstoffe auf diesem Planeten, einer beschränkten Regenerationsfähigkeit bestimmter Güter (Nahrungsmittel, Anbauflächen), und dem Zwang, dem klimaschädlichen Verhalten – je früher, desto besser – Einhalt zu gebieten. Heute stehen Maßnahmen zur Verzögerung des verursachten Klimawandels ganz oben auf der politischen Agenda. An erster Stelle die Reduzierung von Treibhausgasemissionen. Würde es also ausreichen, die Wirtschaft so umzustellen, dass die Nettoemissionen von CO2 und Methan auf Null heruntergefahren werden und, wie im Modell SSP1-1.9 des 6. Sachstandsberichts des IPPC angenommen, darüber hinaus Treibhausgas aus der Atmosphäre entfernt würde? Die Antwort auf diese Frage ist ein klares „Nein“. Die durchaus wichtigen Diskussionen über den Klimawandel und die unverzichtbaren Apelle, sich dessen Folgen bewusst zu machen, dürfen nicht darüber hinwegtäuschen, dass wir vor einer grundlegenden gesellschaftlichen Herausforderung stehen. Zum einen der durch konsumtive Exzesse ausgelöste Raubbau natürlicher Vorkommen und die Vernichtung der Biodiversität. Zum anderen das immer größer werdende Ungleichgewicht zwischen wohlhabenden, reichen Regionen und der mehrheitlich armen Bevölkerung der Erde. Auch die materielle Orientierung der Gesellschaft und ihres Verständnisses von Wohlstand führt offensichtlich nicht zu mehr Zufriedenheit und Zusammenhalt seiner Mitglieder. Anders erleben wir die Menschen in der kargen Fjordlandschaft im Norden Norwegens. Auf die Frage an einen jungen schwedischen Reiseführer gerichtet, warum er ausgerechnet in dem dünnbesiedelten Tromsø in Nordnorwegen leben und arbeiten würde, wo er doch zu Hause viel mehr Abwechslung haben könnte, antwortete dieser: „Hier sind die Menschen freundlich, helfen einander, man kennt sich. Wenn ich einen neuen Computer kaufen will, muss ich drei Stunden nach Westen fahren und vielleicht ist dann gerade keiner vorrätig. Das Leben ist hier ruhiger und näher an der Natur.“ Die menschliche Beziehung untereinander wiegt hier mehr als die überbordende Vielfalt in den Trabantenstädten, wo sich die Menschen in dicht gebauten Mietskasernen zunehmend fremd werden.

Darf es unter den beschriebenen Annahmen also gar kein Wachstum mehr geben? Begeben wir uns auf die makroökonomische Ebene des Erdensystems in seiner Gesamtheit, dann ist klar, dass Wachstum nur insofern stattfinden kann, wie es regenerative Rohstoffquellen zulassen oder wir weniger limitierte Ersatzstoffe finden. Andererseits ist Wachstum nur möglich, wenn einige Akteure ihren Verbrauch im Ökosystem reduzieren und diesen denjenigen zur Verfügung stellen, die noch kein angemessenes Wohlstandsniveau erreicht haben. In einer freien Marktwirtschaft, wie wir sie in diesem Buch unterstellen, wird es auch immer Unternehmen geben, die Marktanteile gewinnen können, weil Konkurrenten aus dem Markt ausscheiden, oder sie einen Markt bedienen, der bisher von keinem Wettbewerber entdeckt wurde. Materialarme Dienstleistungsanbieter, zum Beispiel in der Alten- und Krankenpflege, in kunstschaffenden Institutionen, und andere Dienstleistungssektoren haben noch lange Wachstumspotential. Die Begrifflichkeit „Postwachstumsökonomie“ verleitet aus Sicht des Autors daher leicht zu

Fehlinterpretationen. Fest steht, wir suchen nach einer Wirtschaftsform, die sich von dem exzessiven Wachstumsprimat abwendet und die soziale Orientierung wirtschaftlichen Handelns in den Vordergrund stellt.

Sozialleistung statt Materialdurchsatz

Hierfür benötigen wir eine neue, aber zumindest ergänzende vorrangige Messgröße der Leistung einer Volkswirtschaft anstelle des auf hohen Materialdurchsatz ausgerichteten Bruttosozialproduktes. Ideen hierzu können wir in der Glücksforschung finden. Der Gross Happiness Index, auf deutsch Bruttonationalglück (BNG), misst zum Beispiel neben dem materiellen Wohlstand das psychische Wohlbefinden der Gesellschaft.[96] Der BNG hat seinen Ursprung im Königreich Bhutan. Island, Neuseeland, Schottland und Wales sowie Australien orientieren sich ebenfalls am BNG. Die Vereinigten Arabischen Emirate haben zur Entwicklung einer glücklichen und zufriedenen Bevölkerung eigens ein Glücksministerium eingerichtet. Das bhutanische Konzept umfasst vier Dimensionen:

- Förderung einer sozial gerechten Gesellschafts- und Wirtschaftsentwicklung,
- Bewahrung und Förderung kultureller Werte,
- Schutz der Umwelt,
- gute Regierungs- und Verwaltungsstrukturen.

Den vier Messbereichen sind 33 Indikatoren zugeordnet, die in regelmäßigen Abständen landesweit per Umfrage erhoben werden.[97]

Die Vereinten Nationen geben auf Initiative des damaligen Premierministers von Bhutan, Jigme Thinley, seit 2011 den Weltglücksreport (World Happiness Report, WHR) heraus. Er erfasst augenblicklich mehr als 140 Länder und führte 2023 Finnland an erster Stelle, gefolgt von Dänemark und Island. Deutschland behauptet sich an 16. Position[9] der glücklichsten Menschen der Welt.[98] Das Ranking basiert auf sechs Messgrößen: dem Bruttosozialprodukt pro Kopf, der Ausprägung sozialer Unterstützung, der Lebenserwartung, der Selbstbestimmtheit, das eigene Leben zu gestalten, der Bereitschaft, anderen zu helfen und der Abwesenheit von Korruption. Bhutan wurde im Bericht 2017 auf Platz 97 geführt, im Weltglücksreport 2023 finden sich keine Angaben zu Bhutan. Die Objektivierung der Lebenszufriedenheit ist kein einfaches Unterfangen. Bhutanesen fühlen sich möglicherweise wesentlich glücklicher, als es der WHR erwarten lässt.

Auf der Suche nach einer Alternative zum BIP setzte der Deutsche Bundestag mit Beschluss vom 1. Dezember 2010 eine Enquete-Kommission ein. Die Kommission sollte der Frage nachgehen, wie gesellschaftlicher Wohlstand, individuelles Wohlergehen und nachhaltige Entwicklung in einer Gesellschaft angemessen definiert und abgebildet werden.[99] Der Auftrag an die insgesamt 62 Enquete-Mitglieder sah unter anderem vor, „einen ganzheitlichen Wohlstands- oder Fortschrittsindikator zu entwickeln und die Möglichkeiten und Grenzen der Entkopplung von Wachstum, Ressourcenverbrauch und technischem Fortschritt auszuloten."[100] Trotz teils sehr unterschiedlicher, parteipolitischer Positionen der Politiker und Experten

---

[9] Im WHR 2024, der kurz vor Fertigstellung dieses Buches erschien, fällt Deutschland im Ranking auf Platz 24 zurück. Die USA fallen von Platz 15 (2023) auf 23.

seien „erstaunlich weitgehende Konsense gelungen“, so die Vorsitzende der Arbeitsgruppe, Daniela Kolbe.[101] Die Aussage indiziert jedoch auch die Schwierigkeit, die sich die Projektgruppe 2 der Kommission bei der Definition eines Wohlstandsindikators ausgesetzt sah. Unterschiedliche Werturteile und Weltanschauungen, ethische und politische Faktoren machen eine Auswahl allgemein akzeptierter, zuverlässiger und auch international vergleichbarer Indikatoren nicht leicht. Nach zweijähriger Arbeit wurde ein erweiterter BIP vorgeschlagen, der zehn Leitindikatoren aus drei Dimensionen beinhaltet:

- Materieller Wohlstand:
  + Pro-Kopf-Einkommen,
  + Einkommensverteilung,
  + Staatsschulden;
- Soziales/Teilhabe:
  + Beschäftigung,
  + Bildung,
  + Gesundheit,
  + Freiheit;
- Ökologie:
  + Treibhausgase,
  + Stickstoff,
  + Artenvielfalt.

Der Wunsch der Enquete-Kommission, die W3-Indikatoren in der Bevölkerung bekannt zu machen und die gesellschaftliche Debatte darüber zu beflügeln, hat sich nicht erfüllt. Der Autor konnte keine entsprechenden Zustandsberichte oder die empfohlene interaktive Webseite zu den Messgrößen finden.[102] Es scheint, als wären die Erkenntnisse und Vorschläge der Parlamentarier im Archiv des Bundestages versunken. Bei der Vorstellung des Jahreswirtschaftsberichts 2021 präsentierte der amtierende Wirtschaftsminister Robert Habeck gleich 31 alternative Indikatoren zur Wohlstandsmessung.[103] Dabei hätte er auf den Nationalen Wohlfahrtsindex (NWI), entwickelt 2009 von Hans Diefenbacher, Roland Zieschank und Dorothee Rodenhäuser im Auftrag des Umweltbundesamtes, zurückgreifen können, den auch die Enquete-Kommission in ihre Überlegungen einbezogen hatte.[104] Der NWI 3.0 umfasst in seiner aktuellen Version 21 Komponenten, die in monetärer Form in die Berechnung des Index eingehen.[105] Dabei werden ausgehend von den privaten Konsumausgaben sechs wohlfahrtsstiftende Indikatoren aufaddiert und 15 wohlfahrtsmindernde-Messgrößen subtrahiert. Der NWI misst nach verfügbarer Datenlage ab 1991 die Wohlstandsentwicklung Deutschlands und vergleicht diese mit der zeitgleichen Entwicklung des Bruttoinlandsproduktes (BIP). Von 1991 bis 1999 zeigt der NWI einen Anstieg der Wohlfahrtsmessung im Gleichklang mit dem BIP. Danach sinkt er um gut zehn Prozent, um bis 2013 auf diesem Niveau nahezu zu verharren, während der BIP seinen Aufstieg, nur kurz durch die Finanzkrise 2008/2009 abgebremst, weiter fortsetzte. In den Folgejahren konnte auch der NWI bis zum Eintritt der Corona-Pandemie wieder etwas zulegen. Während sich das BIP nach Eindämmung der weltweiten Lungenkrankheit zügig erholte und 2021 ein neues Hoch erreichte, fiel der NWI wieder signifikant ab. Laut Umweltbundesamt kompensieren die stagnierende Einkommensungleichheit und zunehmenden Umweltkosten Zuwächse bei den Konsumausgaben. Zuletzt führte die Flutkatastrophe an Ahr und Erft (2021) zu einem weiteren Absinken des nationalen Wohlfahrtsindikators.[106] Der NWI, den es auch auf der Ebene einiger Bundesländer als Regionaler Wohlfahrtsindikator (RWI) gibt, ist, wie andere methodische Ansätze zur Wohlstandsmessung, nicht frei von Kritik, und ist in seiner Aussagekraft nicht ohne Grenzen. Eine Grundannahme des NWI ist der positive Effekt von Konsumsteigerungen auf den Wohlstand bzw. die Lebensqualität. Wie in den vorherigen Kapiteln dargelegt, ist dies nur zu einem bestimmten Grad der Fall. Man könnte eine Deckelung der Einflussgröße einführen, wie zum Beispiel von Daniel Kahneman und Angus Deaton angenommen. Oder eine Degressionskurve, die gegen Null läuft, unterlegen. Schwierig gestaltet sich auch die Bewertung von Umweltschäden oder den sozialen Folgen von Verkehrsunfällen. Im Raum steht etwa die Frage, wie zum Beispiel Treibhausgasemissionen und deren Folgen bepreist werden sollen. Die Entwickler des „Wohlfahrtsindex“ räumen ein, dass ein positiver Trend des NWI unter anderem nicht erkennen lässt, „ob die Wohlfahrtsentwicklung eines Landes zum Beispiel längerfristig ökologisch tragfähig wäre.“[107] Die Entwicklung eines universellen Wohlstandsindikators wäre wünschenswert. Voraussetzung für eine weltweite Akzeptanz muss die objektive Messbarkeit der Indikatoren sein. Dies bedingt eine transparente und eindeutige Definition und Berechnung der Komponenten. Politische Einflussnahmen, wie bei dem von der Enquete-Kommission erarbeiteten Indikator oder dem von den Vereinten Nationen verwendeten Human Development Index (HDI), dessen Berechnungsmethode nach diplomatischen Interventionen mehrfach geändert wurde, lassen diese als weltweit anerkannte Wohlstandsmessungen ungeeignet erscheinen. Dennoch wären wohl die Vereinten Nationen die geeignete Institution, ein solches Vorhaben nach vorne zu bringen. Denn Einigkeit herrscht bei allen Politikern und Experten, die sich mit Alternativen zum BIP befasst haben, letzterer ist zur Messung des Wohlstands und der Lebensqualität nicht geeignet.

Effizienz-Konsistenz-Suffizienz

In unserer Betrachtung, wie eine Transformation des Status Quo hin zu einer nachhaltigen Wirtschaftsform gelingen könnte, ist es entscheidend, in welchem Maße wir die existierenden Wachstumstreiber eliminieren oder neutralisieren können. Ausgemachte Treiber einer wachstumsgefangenen Wirtschaft sind unter anderem Wettbewerbsdruck, Renditeerwartungen, Finanzierung, Statuskonsum und lange Wertschöpfungsketten. Im wissenschaftlichen Diskurs, diesen Zwängen zu entkommen, haben sich drei Nachhaltigkeitsstrategien herausgebildet, die Staat, Gesellschaft und Unternehmen im Rahmen ihrer Einflussmöglichkeiten verfolgen sollten.

An erster Stelle stehen der effiziente Einsatz und Umgang mit den zur Verfügung stehenden Ressourcen und Betriebsstoffen. Diese Strategie baut vor allem auf technische Verbesserungen der Betriebsprozesse und Innovationen. Die Strategie richtet sich daher hauptsächlich an Unternehmer und den Staat, insoweit dieser sich unternehmerisch betätigt. Das Streben, mit dem geringsten Aufwand ein maximales Ergebnis zu erreichen, liegt ohnehin in der DNA eines Unternehmens. Die Verringerung von Verschnittmengen durch ausgefeilte Konstruktionen und verbesserte Produktionsprozesse und die vermehrte Verwendung von Rezyklaten sind geeignete Mittel, die Effizienz der Einsatzmittel zu steigern. Intelligente Bewässerungssysteme helfen, den Wasserverbrauch in der Landwirtschaft deutlich zu reduzieren. Die Erzeugung von Produkten on-demand, wie es mit 3D-Drucker möglich ist, trägt dazu bei, Lagerbestände abzubauen, setzt das dort gebundene Kapital frei und verringert das Risiko, das Altbestände keinen Käufer mehr finden und entsorgt werden müssen. Das Elektroauto ist erheblich effizienter als das mit einem Verbrennermotor ausgestattete Fahrzeug – auch wenn es mit E-Fuels betankt wird. Der Wirkungsgrad des reinen batteriebetriebenen Autos von 73 Prozent ist zudem deutlich höher als bei der wasserstoffbetriebenen Alternative mit 31 Prozent. Der Verbrenner kommt auf technisch maximal mögliche 40 Prozent. In der Praxis allerdings auf nur wenig mehr als die Hälfte davon.[108] Auch in der Gesamtökobilanz bleibt der batterieelektrische Antrieb klar vorne. Es ist notwendig, den Wert vor allem natürlicher Vorkommen – der häufig nicht durch den Preis repräsentiert wird – viel stärker in das Bewusstsein von Produzenten und Konsumenten zu rücken. Unternehmen und Institutionen, die hierbei Pionierarbeit leisten, sollten mehr Unterstützung erfahren. Digitalisierung und künstliche Intelligenz können uns helfen, Lösungen zu finden, die die Effizienz der Einsatzmittel erhöhen.

Die Konsistenzstrategie zielt darauf ab, umweltschädliche Herstellungsprozesse und Produkte zu vermeiden, und durch umweltverträgliche Alternativen zu ersetzen. Nutzung erneuerbarer Energien statt fossiler Brennstoffe, Reduzierung des Nitratgehaltes in Böden und im Grundwasser, Verbot der Verwendung von Mikroplastik. Herstellung von Stahl mit grünem Wasserstoff statt fossiler Energie. Wiederum geht es vielfach um technische Veränderungen. Aber nicht nur. Die Politik bzw. der Staat ist aufgefordert, Leitplanken zu setzen, die die Akteure zu konsistentem Verhalten motivieren. Die Kreislaufwirtschaft ist ein wichtiger Baustein im Rahmen des Konsistenzstrebens. Im Gegensatz zum Recyclingansatz sollen Produktion und Konsum in Kreisläufe überführt werden, um dadurch die Umwelt zu schonen und den Rohstoffverbrauch durch Mehrfachverwendung insgesamt zu drosseln. Manche Vertreter der Circular Economy versprechen sich von diesem Modell eine langfristige Entkoppelung von Ressourcenverbrauch und Wirtschaftswachstum. Doch in diesem Buch wurde bereits aufgezeigt, dass sich dieser Wunsch auf lange Zeit nicht erfüllen wird. Die Reduzierung und Vermeidung von Abfall ist ebenso Bestandteil der Konsistenzstrategie. Einwegprodukte sollen durch Mehrwegprodukte ersetzt werden. Die EU hat mit dem Verbot von Einwegplastikprodukten einen wichtigen Impuls zu mehr Nachhaltigkeit und Konsistenz geleistet. Betroffen sind unter anderem Wattestäbchen, Trinkhalme, Plastikgeschirr und Styroporbecher. Nahrungsmittelverpackungen könnten drastisch verringert werden, wenn Lebensmittel unverpackt angeboten werden. Die Ware kann in mehrfach verwendbaren Einkaufsnetzen und Behältern des Konsumenten transportiert werden. Es ist interessant, sich zu erinnern, dass dieses Einkaufsverhalten lange Zeit Normalität war und in anderen Ländern noch ist. Diese Rückbesinnung kommt dem Trend zu mehr Ein- und Zweipersonenhaushalten entgegen, die eher kleinere Mengen nachfragen als die bisher in Supermärkten angebotenen Großverpackungen.[10] Verbraucher können ihren Anteil zu mehr Konsistenz leisten, indem Altgeräte mit hohem Energieverbrauch gegen verbesserte Haushaltsprodukte ausgetauscht werden. Jeder einzelne von uns kann dazu beitragen, Energie- und Wasserverschwendung zu vermeiden.

Die dritte Strategie setzt auf ein verändertes Konsumverhalten. Es geht darum, insgesamt weniger zu verbrauchen, weniger Produkte zu benötigen. Ein Ansatz, den Gesamtverbrauch an Gütern herunterzufahren, sind Sharing-Modelle. Die Philosophie: nutzen statt besitzen. Car-Sharing-Angebote helfen, die Umweltbelastung deutlich zu reduzieren. Die Entwicklung au-

---

[10] Im Jahr 2022 betrug der Anteil von Einpersonenhaushalten in Deutschland über 40 Prozent. Mehr als die Hälfte der Bevölkerung lebt in einem Ein- oder Zweipersonenhaushalt. (Quelle: www.umweltbundesamt.de)

tonomer Fahrzeuge ist ein Schritt, den Besitz eines eigenen Autos überflüssig werden zu lassen. Genossenschaftlich angeschaffte Maschinen, wie in der Landwirtschaft anzutreffen, verringern den Bedarf an diesen Großgeräten. Das Teilen von Gütern hat einen unmittelbaren Einfluss auf die Senkung des Materialverbrauches einer Wirtschaft. Für den Nutzer hat es den Vorteil geringerer Kosten; es führt zu weniger Platzbedarf und die Nutzungszeiten werden erheblich gesteigert. Davon profitiert die gesamte Gemeinde. Die Suffizienz lässt sich weiter verbessern, indem der Lebenszyklus von Gebrauchsgütern verlängert wird. Dies gelingt, wenn die Produkte so konstruiert werden, dass sie reparabel sind.

Österreich hat 2022 in einem Pilotprojekt einen Reparaturbonus für Elektro- und Elektronikgeräte, die üblicherweise in einem Haushalt benutzt werden, eingeführt. Privatpersonen mit Wohnsitz in Österreich können 50 Prozent der Reparaturkosten bis maximal 200 Euro je Reparatur erstattet bekommen.[109] Die Wieder- und Weiterverwendbarkeit von Geräten erfährt eine Neubewertung. Anfang 2024 haben sich das Europäische Parlament und der Rat auf die von der EU-Kommission vorgeschlagenen neuen Regeln für das Recht auf Reparatur geeinigt. Die Gesetzesinitiative sieht vor, dass Verbraucher nach Ablauf der gesetzlichen Gewährleistung ein Recht auf Reparatur haben sollen. Hersteller sollen verpflichtet werden, Angaben über Reparaturleistungen und deren Kosten zu machen. Angedacht ist zudem eine EU-weite Reparaturplattform, auf der Verbraucher Werkstätten in ihrer Nähe finden und Reparaturangebote verglichen werden können. Die Initiative soll durch Fördermaßnahmen, wie Reparaturgutscheine oder einen nationalen Reparaturfonds, flankiert werden, gleich dem Vorbild Österreichs.[110] Der Gesetzesvorstoß trifft auf ein wiederbelebtes Bedürfnis, Gebrauchsgegenstände zu reparieren und weiterzuverwenden, statt sie wegzuschmeißen. Davon zeugen die zahlreichen Reparatur-Cafés, die hauptsächlich von ehrenamtlich tätigen Bürgern betrieben werden. Nach Angaben des Instituts für ökologische Wirtschaftsforschung (IÖW) gab es 2023 bereits mehr als 1.500 Repair-Cafés in Deutschland.[111] Das Siegel „Made in Germany" stand lange Zeit für die Langlebigkeit von Produkten. In den heutigen schnelllebigen Märkten erschien dies als ein großer Nachteil. Die Rückbesinnung auf diesen Markenkern könnte sich bald als Vorteil für deutsche Unternehmen auszahlen. In diesem Licht betrachtet, bekommen „Second Hand"-Läden eine ganz neue Bedeutung. Ursprünglich hatte die gutverdienende Oberschicht über diese Geschäftsidee einen Weg gefunden, sich der überzähligen, nicht mehr tagesaktuellen Designerkleidung zu entledigen, und noch ein wenig Bares zu erzielen, um die freien Plätze in den Schränken mit dem letzten Schrei der Mode wieder zu füllen. In Anbetracht der immer teurer und knapper werdenden Rohstoffe hat sich hier bereits ein neuer bedeutungsvoller Wirtschaftszweig im Bereich Nachhaltigkeit entwickelt. Elektronische Geräte können durch Softwareupdates länger in Gebrauch gehalten werden, statt alle sechs bis zwölf Monate ein neues Gerät kaufen zu müssen. Potential für Suffizienz lässt sich in vielen Lebens- und Wirtschaftsbereichen identifizieren.[112]

Die drei vorgestellten Strategien entfalten ihre volle Wirkkraft auf dem Weg zu einem neuen Wirtschaftsmodell nur im Konzert miteinander. Ebenso ist die Beteiligung aller Akteure – Staat, Wirtschaft, Gesellschaft – gefordert. Dennoch löst die Trias nicht alle Probleme unseres derzeitigen Wirtschaftssystems. Effizienzsteigerungen können zu Rebound-Effekten führen. Die wirtschaftlichere Erzeugung ermöglicht Preissenkungen, die wiederum die Nachfrage ankurbeln. Die Strategien führen auch nicht notwendigerweise zu weniger Druck, Produktivitätssteigerungen zu realisieren, einem der ausgemachten Wachstumstreiber, um wettbewerbsfähig zu bleiben. Sie liefern jedoch genügend Anreize, ein Unternehmen unter den beschriebenen Szenarien attraktiver zu machen – für Investoren, Geldgeber, für Abnehmer, Geschäftspartner und Mitarbeiter.

Grundlagen der Wirtschaft von morgen

Keynes hatte vermutlich nicht geahnt, dass der technische Fortschritt und das Bevölkerungswachstum dazu führen würden, dass wir die Ressourcen schneller aufbrauchen werden, als es möglich sein wird, sie zu regenerieren. Überdies, dass die dadurch verursachten Umweltschäden zu einer Verminderung der Lebensräume führen und die Nahrungsversorgung gefährden könnte. Aber genau vor diesem Ereignisbild stehen wir heute – weniger als sieben Jahre vor Ablauf der von Keynes prognostizierten 100 Jahre.

Wir werden in diesem Buch kein vollständiges neues Wirtschaftsmodell entwickeln können. Dies ist nicht das Anliegen. Vielmehr ist es wichtig, zu verstehen, dass wir ein neues ökonomisches Modell benötigen. Der französische Ökonom und Philosoph François Quesnay (1694 bis 1774) prägte den Begriff der laissez-fair-Ökonomie, auf dessen Grundlage Adam Smith das Konzept der freien Marktwirtschaft entwickelte. Karl Marx und Friedrich Engels entwickelten im Angesicht des ausbeuterischen Unternehmertums in der Epoche der Industrialisierung das Modell des Sozialismus. Statt Produktionsmittel in die Hand weniger maßloser Privatunternehmer und Gutsherren zu legen, sollte das Kollektiv über deren Einsatz und vor allem die Vergütung der Arbeitskräfte entscheiden und so zu einer klassenlosen Gesellschaft führen. Ludwig Erhard, von 1949 bis 1963 deutscher Bundesminister für Wirtschaft, gilt als Vater der sozialen Marktwirtschaft. Es verband die Ideen der freien Marktwirtschaft mit sozialen und steuernden Elementen, die dem Staat obliegen. Die Interessen der Privatwirtschaft, gesellschaftspolitische Normen und soziale Absicherung sollten in einen staatlich gesteuerten Ausgleich kommen. In keinem der genannten Wirtschaftsmodelle, die weltweit in unterschiedlichen Ausprägungen gelebt werden, wird den Aspekten der Nachhaltigkeit und eines ausgeglichen Ökosystems oder der beschränkten Verfügbarkeit von Rohstoffen wirklich Wertigkeit zugeschrieben. Es sollte uns jedoch auf Grundlage des verfügbaren Wissens gelingen, einen vierten Weg zu finden, der Wohlstand, soziale Gerechtigkeit und nachhaltiges Wirtschaften gleichermaßen möglich macht.

Eckpfeiler einer nachhaltigen Weiterentwicklung der Wirtschaftsprinzipien sind eine dienstleistungsorientierte Gesellschaft, eine stärkere Regionalisierung der Wertschöpfungsketten und ein modernisiertes Finanzsystem.

In einer Wirtschaft ohne Wachstum spielt die Dienstleistung eine wesentliche und größere Rolle als heutzutage. Im Kapitel über das zukunftsfähige Unternehmen haben wir uns diesem Aspekt bereits gewidmet. Der Wert eines Unternehmens könnte in Zukunft daran gemessen werden, welchen gesellschaftlichen und sozioökonomischen Beitrag es leistet. Nachhaltigkeit und Umweltverträglichkeit werden zu differenzierenden Bewertungsfaktoren.

Eine stärkere Ausrichtung der Wirtschaft auf das Dienstleistungsprinzip trägt dazu bei, die durch den technischen Fortschritt freigesetzten Arbeitskräfte zu absorbieren. Robotertechnik und KI treiben den Einsatz von Light-out-Manufacturing voran. Menschenleere Fabriken, in denen Roboter die Arbeit verrichten. Die Vorteile liegen auf der Hand. Roboter brauchen keine Heizung, Belüftung oder Klimaanlage. Ausschuss und Ausfallzeiten an den Arbeitsplätzen sinken, die Produktivität steigt. Die Stückkosten verringern sich signifikant und rechtfertigen die heute noch hohen Investitionen. Die Firma FANUC aus Japan setzt schon lange auf die schwarze Fabrik, in der nur Roboter arbeiten. Amazon hatte 2020 mehr als 200.000 mobile Roboter zur Unterstützung der Arbeitsabläufe in seinen Logistikzentren im Einsatz. Quantencomputer werden die Digitalisierung und Anwendung von KI zur Reduzierung des Arbeitsaufwandes für menschliche Arbeitskräfte exponentiell beschleunigen. Waren handelsübliche 3D-Drucker anfänglich noch eher im Hobbybereich vorzufinden, vergleichbar mit der Verbreitung der Homecomputer wie dem Commodore C64, werden heute ganze Häuser digital mit dieser Technik hergestellt. Die Errichtung von neuen Wohngebäuden wird durch diese Technologie nicht nur beschleunigt, es fallen auch zahlreiche direkte und indirekte Arbeitsplätze weg. Statt aufwändige und zeitraubende Vermessungen und Prüfungen während der Gebäudeherstellung durchzuführen, reicht es in Zukunft womöglich aus, allein die Software und die eingesetzten Materialien zu zertifizieren.

Die Zahl der Beschäftigten wird in den entwickelten Volkswirtschaften im produzierenden Gewerbe nicht nur stark abnehmen, sondern die Arbeitsplätze werden sich von einfachen Tätigkeiten zu anspruchsvollen Steuerungs- und Entwicklungsaufgaben verlagern. Auf dem Weg in die Zukunft kommt dem Bildungssystem eine herausragende Rolle zu. Das Stellenprofil in der Fertigungsindustrie von morgen, wie auch in einigen Sektoren der Dienstleistungswirtschaft, verlangt gut ausgebildete Fachkräfte und Techniker, Programmierer und Entwickler. Dem Anforderungsprofil der anspruchsvollen Arbeitsplätze in Fertigung und Dienstleistung werden selbst im besten Bildungssystem nicht alle arbeitsfähigen Menschen gerecht werden. Allerdings, wenngleich selbstfahrende Servierautomaten bereits in die Gastronomie Einzug halten, werden in Zukunft nicht alle Tätigkeiten von Robotern übernommen werden. Dies ist auch nicht wünschenswert. „Der Mensch ist unersetzbar!“, stellte Rudolf Karazman, Gründer der IBG Innovatives Betriebliches Gesundheitsmanagement GmbH, in einem Vortrag 2016 zum Thema menschenleere Fabrik fest. In der Fertigung der Zukunft werden die Beschäftigten als Erfahrungsträger und Entscheider ganz bewusst in alle relevanten Abläufe der Smart Factory integriert sein.[113] Hoffnung besteht daher, dass der in Deutschland festgestellte Fachkräftemangel nur von vorübergehender Natur ist. Die Politik ist gut beraten, mit ihren Abhilfemaßnahmen nicht über das Ziel hinauszuschießen. Ansonsten ist in einigen Jahren mit einen Fachkräfteüberschuss zu rechnen. Eine Situation wie wir sie über Jahrzehnte bei der Lehrerausbildung erlebten. Eine neuere Studie der Bertelsmann Stiftung kommt zu dem Ergebnis, dass der derzeitige Mangel an Grundschullehrern schneller als gedacht behoben sein wird. Stattdessen erwarten die Bildungsforscher 2035 einen Überschuss an Lehrkräften in der Primarstufe. Dies liege an der demografischen Entwicklung. Die Kultusministerkonferenz kam bei ihren Vorausberechnungen zu einem stark abweichenden Ergebnis.[114]

Die Stärkung des Dienstleistungssektors vermindert zunächst einmal den Zwang fortgesetzter Produktivitätssteigerungen, um die Kostensteigerungen aufzufangen. Manche Dienstleistungen sind sogar immun gegen Effizienzsteigerungen. Bei Gesundheitsdiensten, der Kinderbetreuung oder im künstlerischen Bereich kommt es auf die Qualität der ausgeführten Tätigkeit an. Der Zeitfaktor wird zum Qualitätsmerkmal. Zahlreiche Dienstleistungen lassen sich nicht schneller oder mit weniger Personal erbringen. Eine dienstleistungsorientierte Wirtschaft kann zur Aufrechterhaltung der Vollbeschäftigung beitragen und die Wohlfahrtswahrnehmung positiv beeinflussen. Der Wirtschaftswissenschaftler William Baumol hat den Dienstleistungssektor sehr umfassend erforscht. Er kam dabei zu dem Ergebnis, dass das Wachstum einer dienstleistungsstarken Wirtschaft langfristig gegen Null läuft.[115] Und das, wie schon angesprochen, bei einem hohen Beschäftigungsgrad. Seine Überlegungen werden durch empirische Forschungen gestützt.

Sustainable Finance

Wenn im Zentrum des neuen Wirtschaftens nicht mehr das Gewinnstreben steht, sondern der gesellschaftliche Beitrag zum Gemeinwohl, leuchtet es ein, dass auch die Finanzmärkte eine andere Rolle spielen werden. Es stellt sich die Frage, ob in einer zukünftigen Weltwirtschaft Spekulation noch gewünscht oder erlaubt sein soll. In welcher Weise nutzt es der Wirtschaft, wenn Wertpapierjongleure Leerverkäufe tätigen? Also Aktien verkaufen, die sie gar nicht besitzen, um sie zu einem späteren Zeitpunkt, dank einer geglückten Wette, günstiger zu erwerben, als man zum Zeitpunkt der Spekulation vereinbart hatte? Die Spekulationen mit strukturierten Derivaten auf Basis mehrfach gebündelter, intransparenter Schuldverschreibungen, die ursächlich für die Finanzkrise 2007/2008 waren, liefern keinen erkennbaren Nutzen nach den ESG-Kriterien[11], stellen aber eine Gefährdung für das Wirtschaftssystem dar. Der weltweit ausgelöste Domino-Effekt des eng vernetzten Bankensystems hat Politiker, Wirtschaftswissenschaftler und Aufsichtsbehör-

---

[11] ESG steht für Environment, Social und Governance (Umwelt, Soziales und Unternehmensführung)

den gleichermaßen erschreckt. Ist es ethisch und sozial vertretbar, dass Nahrungsmittel und Güter der Grundversorgung Gegenstand von Spekulationen sind? Die hohe Inflation in Folge des Russland-Ukraine-Krieges 2022/2023 hat Politiker der Europäischen Union alarmiert. Selbst in den scheinbar gefestigten Demokratien würden der Ausfall der Energieversorgung und eine galoppierende Inflation bei gleichzeitigem Produktionsausfall und steigender Arbeitslosigkeit zu sozialen Unruhen mit unvorhersehbaren Folgen führen. Preisdeckel und hunderte von Milliarden Euro an Entlastungspaketen wurden im Jahr 2022 auf den Weg gebracht, um das Schlimmste zu verhindern.

Der Geld- und Finanzmarkt wird weiter eine wichtige Rolle in der neuen Wirtschaftswelt spielen. Wohnungen und Häuser, große Investitionen müssen weiterhin finanziert werden. Dabei gilt es jedoch, die Finanzierungen auf Nachhaltigkeit auszurichten und dahingehend zu überprüfen, ob sie einen positiven Beitrag in einem nachhaltigen Ökosystem leisten.

Bisher orientieren sich Investitionen an Kenngrößen wie zukünftige Wachstumsrate, Gewinnerwartung, Kurs-Gewinn-Verhältnis – alles Wachstumsindikatoren. Erfüllt eine börsennotierte Kapitalgesellschaft die Erwartungen nicht, werden die Aktien rasch nach unten durchgereicht. In einer Welt, in der Wachstum nicht mehr die entscheidende Orientierungsgröße ist, sollte es sehr viel ruhiger an den Kapitalmärkten zugehen. Aktien könnten sich dann eher wie Anleihen verhalten. Stabile Erträge sichern zuverlässige Renditen. Wie in dem Kapitel „Das zukunftsfähige Unternehmen" festgestellt, ist das Risiko eines in diesen Sinne nachhaltig agierenden Unternehmens deutlich niedriger, als das der wachstumsgesteuerten Konkurrenten. Dies gilt insbesondere, wenn Letztere umweltschädliche Technologien und Prozesse einsetzen. Die Europäische Union hat mit der Taxonomieverordnung ein Transparenzgesetz erlassen, welches Kriterien enthält, um den Grad der ökologischen Nachhaltigkeit einer Investition ermitteln zu können.[116] Neben Umweltaspekten werden auch soziale Anforderungen und Kriterien der Unternehmensführung erfasst.

Eine Investition wird nur dann als ökologisch nachhaltig bewertet, wenn Mindeststandards für Arbeits- und Menschenrechte eingehalten werden. Die sogenannten ESG-Kriterien sind für die Bundesanstalt für Finanzdienstleistungsaufsicht (Bafin) maßgeblich bei der Risikobewertung der von ihr beaufsichtigten Finanzdienstleister. Die im März 2021 in Kraft getretene EU-Offenlegungsverordnung (Sustainable Finance Disclosure Regulation, SFDR) verlangt von Finanzmarktteilnehmern und Finanzberatern eine umfassende Offenlegung von Informationen, die die Nachhaltigkeit der Investition betreffen. Seit August 2022 sind die Anbieter von Anlageprodukten ebenso verpflichtet, bei ihrer Kundschaft deren Nachhaltigkeitspräferenzen zu erfragen.[117] Seit dem Jahr 2022 müssen Versicherungsunternehmen und Pensionsfonds Nachhaltigkeitsrisiken zwingend in das Risikomanagement einbeziehen und langfristige Klimawandelszenarien berücksichtigen.

Die beobachtbare Bedrohung der Biodiversität und Abnahme der Ökosystemleistung wird zunehmend als systemisches Risiko von Unternehmen und Investoren erkannt.[118] Der Verlust der Biodiversität gefährdet besonders die Nahrungsmittelversorgung. Um das Risiko unternehmerischer Aktivitäten in Bezug auf die ESG-Kriterien transparent und vergleichbar zu machen, arbeiten verschiedene Nichtregierungsorganisationen an einem Berichtsstandard. Innerhalb der Europäischen Union gilt seit Januar 2023 die Corporate Sustainability Reporting Directive (CSRD). Diese verpflichtet alle großen Unternehmen und alle börsennotierten Kapitalgesellschaften, mit Ausnahme von Kleinstunternehmen, Risiken und Opportunitäten sozialer und umweltrelevanter Ereignisse und deren Auswirkung auf Menschen und Umwelt zu berichten. Dabei sind sowohl die Wirkung nach außen als auch solche Ereignisse zu berücksichtigen, die das Unternehmen selbst gefährden. Der Berichterstatter muss also seinen Einfluss auf die Umwelt im weitesten Sinne offenlegen, wie auch seine Abhängigkeiten von derselben. Man spricht von der doppelten Wesentlichkeit.[119] Die CSRD wird ergänzt durch die Corporate Sustainability Due Diligence Directive (CSDDD oder CS3D; auf deutsch: Europäische Lieferkettenrichtlinie), auf die schon eingegangen wurde.

Die Initiativen der Europäischen Union und auf internationaler Ebene, unter anderem der IFRS Foundation[12], lassen vermuten, dass sich die Anforderungen an umweltgerechtes und nachhaltiges Handeln noch stärker auf die Kapitalmärkte selbst ausweiten werden. Die Nachhaltigkeitsberichte sind wichtige Informationen zur Unternehmensbewertung durch Ratingagenturen. Nachhaltige Unternehmensführung wird zukünftig einen wesentlichen Einfluss auf Bonität und den Investmentgrad haben, der letztlich ausschlaggebend dafür ist, ob das Unternehmen Kapitalgeber findet, und zu welchen Konditionen. In der Finance-for-Biodiversity Initiative haben sich 170 Finanzinstitutionen aus 26 Ländern zusammengeschlossen und verpflichtet, mit ihren Finanzaktivitäten und Investitionen zum Schutz, der Erhaltung und Wiederherstellung des natürlichen Ökosystems beizutragen.[120]

Kritik am derzeitigen Finanzsystem entfacht sich an der Tendenz zur ungleichen Verteilung von Vermögen. Niedrige Leitzinsen der Zentralbanken verleiten Staat und Unternehmen,

---

[12] Die International Financial Reporting Standards (IFRS) sind die international am weitesten anerkannten Rechnungslegungsnormen für Unternehmen

mehr Kredite aufzunehmen, um ihre Investitionen auszuweiten. Es ist billiges Geld. Die Folgen dieser Schuldenfalle haben wir im Kapitel zum Thema Gelschwemme beleuchtet. Auf der anderen Seite verlieren die Sparvermögen an Wert. Die geringen Guthabenzinsen werden von der Inflation aufgezehrt. Real sinken die Vermögensbestände. Dies trifft vor allem die kleinen Sparer und Rentner, deren Altersvorsorge nicht ausreichen wird, um nach der Berufstätigkeit den gewohnten Lebensstandard aufrechtzuerhalten. In gleichem Maße sind Versicherungen und Pensionskassen betroffen, die bislang einen wichtigen Pfeiler der Vorsorge für den Ruhestand darstellen.

Wir halten an dieser Stelle fest: Im Zuge des Transformationsprozesses der Wirtschaft zu Nachhaltigkeit und Erhalt des natürlichen Ökosystems sowie dem notwendigen gesellschaftlichen Wandel kommen wir an einer Anpassung des derzeitigen Finanz- und Geldsystems nicht vorbei. Die Quelle der Geldmengenschwemme, von der die Rede war, resultiert aus der Tatsache, dass Banken in der heutigen Welt Kredite vergeben können, ohne dass sie auf der anderen Seite entsprechende Einlagen zur Verfügung haben. Das heißt, Banken haben die Erlaubnis, Geld aus dem Nichts zu schaffen. In der Finanzbuchhaltung stellt sich das so dar: Auf der Aktivseite der Bilanz trägt die Bank eine Forderung in Höhe des Kredits ein, auf der Passivseite der Bilanz wird als Gegenbuchung eine Einlage in gleicher Höhe eingetragen. Die Bank kann auf diese Weise ihre Vermögensaufstellung kräftig aufblähen. Wie ein Magier hat die Bank dadurch die im Umlauf befindliche Geldmenge aus dem Nichts erhöht. Es ist nicht verwunderlich, dass Finanzexperten und Ökonomen seit langem darüber nachdenken, wie man die Nachteile dieses schuldenbasierten Geldsystems beheben kann.

Eine vieldiskutierte Idee stammt von dem amerikanischen Wirtschaftsforscher Irving Fisher. Er entwarf den sogenannten Chicago Plan. Dieser sieht vor, dass jede Bankeinlage zu 100 Prozent durch Zentralbankgeld gedeckt sein muss. Jaromir Benes und sein Kollege Michael Kumhof arbeiteten im Rahmen eines Arbeitspapiers des Internationalen Währungsfonds die Vorteile dieses Vorschlags aus.[121] Die kreditbasierten Wirtschaftszyklen können besser unter Kontrolle gebracht werden. Anstürme auf Banken (bank runs) werden vermieden. Sowohl Staatsschulden als auch private Schulden werden drastisch zurückgehen. Die Kontrolle der Geldmenge würde wieder in der Hand einer zentralen öffentlichen Institution liegen, das heißt beim Staat – wie beim Münzregal –, und nicht mehr bei Banken. Benes und Kumhof identifizierten in ihrem state-of-the-art-Modell eines Zentralbankgeld-gedeckten Systems darüber hinaus die Vorzüge, dass es keine Liquiditätsengpässe gäbe und die Inflation langfristig gegen Null laufen würde.[122] Benes und Kumhofs Arbeitspapier löste eine heftige Debatte über das Pro und Contra des Chicago Plans aus. Kaum verwunderlich, dass die Bundesbank davon nichts hält.[123] Es gibt offensichtlich auch bei diesem Thema enorme Widerstände. Koryphäen ihres Faches argumentieren auf beiden Seiten. Noch sind Politiker aller Couleur nicht bereit, eine so weitreichende Reform des Finanz- und Geldsystems auf den Weg zu bringen.

Ohne Veränderung geht es nicht

Die Jahrhunderte der Industrialisierung haben den Menschen vor allem in den marktorientierten westlichen Ländern einen hohen, materiellen Wohlstand beschert. Manches der Entwicklungsländer schaut neidisch auf den reich gedeckten Tisch der sogenannten Industriestaaten. Die Tellerwäscher-Karrieren, die aus armen Verhältnissen stammenden Berufsanfängern Millionäre generierten, sind das Vorbild vieler Generationen aus den Armenvierteln der Welt. Die New Economy hat aus Studenten gar in kurzer Zeit mit ihren innovativen Firmengründungen Milliardäre hervorgebracht. Das „Einhorn" – ein junges Unternehmen, das in kurzen Finanzierungsrunden eine Unternehmensbewertung von einer Milliarde Dollar erzielt – ist das neue Idol, dem es nachzueifern gilt. Das Konzept der Einhörner basiert auf einer innovativen Idee und einem aggressiven Wachstumskurs. Die Verluste werden in neuen Finanzierungsrunden und mit der weiteren Expansion des Geschäftsmodells kompensiert. Nur wenigen Unternehmen gelingt es allerdings tatsächlich, die Gewinnschwelle zu erreichen; Tesla ist so ein positives Beispiel.

Wer macht mit?

Menschen kleben sich auf Straßen und Rollfeldern fest. Beschmieren die Wände von Regierungsgebäuden mit schwarzer Flüssigkeit, werfen Kartoffelbrei auf wertvolle Gemälde und stören Kulturveranstaltungen. Es ist der Aufschrei der „Letzten Generation", wie sich die Rebellen nennen, ein Bündnis von Klimaaktivisten aus Deutschland, Österreich und Italien.[124] Fernsehformate, Radionachrichten, Print- und soziale Medien überbieten sich täglich mit neuen Hiobsbotschaften. Der Ozean vor Florida erreicht Badewannentemperatur, in Griechenland wütet ein nie dagewesener Waldbrand und zwingt die Menschen in ihre Häuser. Die USA stöhnten im Sommer 2023 unter unerträglicher Hitze. Ebenso die Menschen in Süd- und Mitteleuropa. Experten warnen mit zunehmend schrillen Tönen vor den Folgen der Klimakatastrophe. Und dennoch hat es den Anschein, als kommen die Warnsignale bei der Bevölkerung nur gedämpft wie durch Wattebäuschchen in den Ohren an. Sind wir so mit uns selbst beschäftigt, dass uns das Draußen nichts mehr angeht? Haben wir uns in unserer Selbstbeschäftigung so weit von der Natur entfernt, dass wir die Veränderungen auf diesem Planeten nicht mehr wahrnehmen oder – uns schützend vor den errungenen Wohlstand stellend – nicht wahrhaben wollen?

António Guterres wird des Appellierens nicht müde. Aber hört ihm einer zu? Der Generalsekretär der Vereinten Nationen erscheint als der einsame Mahner in der Wüste. Obwohl sich die 193 Mitgliedstaaten allesamt zu den 17 Nachhaltigkeitszielen bekannt und sich verpflichtet haben, sie in ihren Ländern durch nationale Gesetze und Verordnungen in aktives Handeln umzusetzen. Bis zum Jahr 2030 sollen Armut und Hunger auf der Welt ausgelöscht sein, nachhaltige Maßnahmen zur Bekämpfung des Klimawandels umgesetzt und Frieden und Gerechtigkeit auf der ganzen Welt sichergestellt sein. Heute, im Jahr 2024 sind wir so weit von der Erreichung dieser Ziele entfernt wie kaum zuvor. Keynes würde enttäuscht den Kopf schütteln. Sind wir doch technologisch um Universen weiterentwickelter als zu der Zeit, da er sein Essay über die wirtschaftlichen Möglichkeiten unserer Enkelkinder schrieb. In 100 Jahren – also 2030 –, so seine Annahme, seien obige Ziele als Folge der wirtschaftlichen und gesellschaftlichen Entwicklung bereits erreicht. Am technischen Fortschritt kann es also nicht liegen.

Der Verwirklichung der ambitionierten Verpflichtungen stehen mächtige Kräfte im Weg. Wo wir auch hinschauen, haben sich Machtstreben und ein ungesunder Individualismus breit gemacht. In vielen Ländern beobachten wir die Entwicklung hin zu diktatorischen Regierungen, deren Machthaber vor keinem Raubbau an wertvollen und nicht wieder erzeugbaren Rohstoffen zugunsten des persönlichen Vorteils halt machen. Hunger und Elend der eigenen Bevölkerung interessieren diese Autokraten nicht im Geringsten. In den westlichen Staatengemeinschaften scheinen Politiker den inneren Kompass verloren zu haben. Immer mehr Wähler fühlen sich nicht mehr verstanden und allein gelassen mit ihren Problemen. Ein gemeinsamer Wertekanon scheint verloren gegangen zu sein.

Die Sehnsucht nach einer starken Leitfigur treibt den titulierten rechten Parteien immer mehr Menschen in die Arme. Diese locken mit der Verharmlosung und zum Teil Leugnung des menschengemachten Klimawandels und dessen Folgen, und bedienen den Wunsch vieler Mitmenschen, von den Katastrophen verschont zu bleiben, indem man sie einfach nicht wahrnimmt. Es wird alles schon nicht so schlimm kommen, so die Verheißung. Am lautesten poltert der konservative Republikaner Donald Trump auf der Weltbühne und bringt die nach dem Zweiten Weltkrieg geschaffene, nur scheinbar in sich ruhende Weltordnung in Aufruhr. Trump hat in seiner ersten Amtszeit als Präsident der Vereinigten Staaten von Amerika schwer erarbeitete internationale Vereinbarungen zur Rüstungsbegrenzung, atomaren Aufrüstung, Normen und Standards im Welthandel mit einem Federstrich aufgekündigt. „America First", so sein Slogan, mobilisiert die Hälfte der Amerikaner mit Verschwörungstheorien, Verneinung des menschengemachten Klimawandels, und erklärt die empirisch belegten Fakten der Wissenschaftler, die eine katastrophale Entwicklung des Ökosystems Erde prognostizieren, zu Lügenmärchen. Am Ende geht es auch Trump und seinen Unterstützern nur um die Verwirklichung eigener Egoismen, Machtinteressen und Erhaltung des persönlichen, materiellen Wohlstands, der, wie bereits ausgeführt, sehr fragwürdig ist. Definitiv soll dieser Zustand ohne Rücksicht auf die Lebensumstände der Menschen in der übrigen Welt bewahrt werden. Ein äußerst fragwürdiges Vorhaben, das zum Scheitern verurteilt sein muss.

Einflussreiche Industrieverbände und ihre Lobbyisten haben kein Interesse an der Veränderung des Status Quo, der ihnen so viel wirtschaftlichen Erfolg beschert. Das Gebäudeenergiegesetz der deutschen Bundesregierung, vorgestellt im Sommer 2023, hat gleich das ganze Land zu hitzigen Kontroversen und emotionalen Auseinandersetzungen an den Stammtischen und im Parlament verleitet. Statt konstruktiv die handwerklichen Fehler und mangelnde Kommunikation auszubügeln, wurde der ganze Gesetzentwurf aufs Schärfste verteufelt. Obwohl Absicht und Stoßrichtung im Einklang mit europäischen und nationalen Klimazielen stehen. Bauernverbände wehren sich gegen zu strikte Klimaschutzgesetze, die ihrer Meinung nach die Einkommen der Landwirte zu sehr belasten. Moore, die durch Austrocknung das über Millionen Jahre gespeicherte CO2 freisetzen, müssten wieder durchfeuchtet werden. Dies ginge jedoch zu Lasten der Viehwirtschaft. Die deutsche Autoindustrie hat sich lange gegen weitere Auflagen zur Reduzierung von Feinstaub und CO2-Ausstoß gestemmt, und dabei den Wandel zu elektrifizierten Fahrzeugen fast verschlafen. VW hat seine Jahrzehnte lange dominante Stellung im chinesischen Automarkt gegenüber den lokalen Start-ups verloren und tut sich schwer, das Terrain zurückzuerobern.

Das Jahr 2023 war gekennzeichnet durch hohe Inflation in allen Industrieländern, steigende Zinsen nach der verschwenderischen Geldschwemme der Post-Finanzkrise und dem Gespenst der Rezession nach gerade überstandener Corona-Pandemie. Deutschland wird gar als der „kranke Mann Europas“ von den Medien betitelt. Und wieder greift der altbekannte Reflex, der Ruf nach einem staatlichen Geldsegen, die stotternde Wirtschaft wieder auf den gewohnten Wachstumspfad zu bringen. Dabei könnte es doch gerade eine willkommene Gelegenheit sein, die Fahrt im Wohlstandskarussell etwas zu drosseln. Dem freien Markt die Möglichkeit zu geben, Angebot und Nachfrage auf ein deutlich niedrigeres Niveau einzustellen. Die Einschränkungen der Corona-Pandemie haben doch gezeigt, wie positiv sich die erzwungene Zurückhaltung auf unser Ökosystem ausgewirkt hat. Wie aber soll der normale Bürger auf die Idee verfallen, dauerhaft seinen Konsum einzuschränken, wenn über alle verfügbaren Informationskanäle namhafte Ökonomen, Wirtschaftsweise und andere vermeintlich fachkundige Experten als alleiniges Rezept, dem Wirtschaftsabschwung zu begegnen, nach Wachstumsimpulsen rufen. Wissenschaftler und Wirtschaftsexperten, die Alternativen zur Erhaltung unseres Wohlstandes bei geringem oder Nullwachstum aufzeigen, sind in der Medienlandschaft nicht präsent.

Falsches Vorbild

Das Primat Wirtschaftswachstum scheint in Stein gemeißelt, wie die zehn Gebote Moses. Ein Verstoß gegen dieses Gebot kommt der Anarchie gleich. Wenn den ehemaligen Kolonialmächten und westlichen Industrieländern eines nachhaltig gelungen ist, dann die weltüberspannende Verbreitung des Glaubens, dass nur Wachstum den Wohlstand und die Zufriedenheit der Menschheit garantieren. Selbst die Agenda 2030 der Vereinten Nationen bekräftigt unter Punkt 27 ihrer Deklaration: „sustainable economic growth is essential for prosperity“ [125] (nachhaltiges wirtschaftliches Wachstum ist notwendig für den Wohlstand). Die deutsche Bundesregierung bekräftigte 2023 ihrerseits: „Nachhaltiges wirtschaftliches Wachstum ist eine Basis des Wohlstands in Deutschland.“[126] Nachhaltigkeit und stetes Wachstum – wie soll das zusammen gehen? Die 2010 eingesetzte Enquete-Kommission des deutschen Bundestages stellte in ihrem Abschlussbericht 2013 fest, dass die Aufgabe der Politik, universellen Wohlstand mit einem gedeihlichen Zustand unserer natürlichen Umwelt in Einklang zu bringen, dadurch erschwert wird, dass „immer mehr Menschen auf unserem Planeten sich am Wohlstandsverständnis der Industrieländer orientieren, das auf einem riesigen Ressourcen- und Energieverbrauch basiert.“[127]

Die 193 Unterzeichner der Agenda 2030 schränken bereits in der Präambel der Deklaration ein: „wirtschaftliche, soziale und technische Entwicklung müssen in Harmonie mit der Natur erfolgen. Es ist daher notwendig, unsere Art und Weise, wie wir produzieren und Güter und Dienstleistungen konsumieren, fundamental zu ändern. Alle gesellschaftlich relevanten Parteien müssen einen Beitrag leisten, nicht nachhaltige Verhaltensmuster zu ändern.“[128] Die 193 Mitgliedstaaten haben sich zu sehr weitreichenden Veränderungen des Zusammenlebens auf diesem Planeten verpflichtet. Denn „nachhaltig“ heißt in diesem Zusammenhang, verbrauchen wir in Zukunft – diese beginnt von heute (2024) aus in sechs Jahren – nur noch soviel, wie uns der Planet zur Verfügung stellt bzw. in einer Periode regenerieren kann. Stellen wir das Überfischen der Ozeane schleunigst ein und verzichten auf die japanischen Delikatessen. Es ist auch nicht lebensnotwendig und nicht zwingend ein Wohlstandsindikator, Singvögel in Massen einzufangen und sie dem verwöhnten italienischen Gaumen zuzuführen. Stoppen wir die Überdüngung und Versalzung der Böden und bewirtschaften unsere Äcker wieder so, dass die Böden Zeit haben, sich zu erholen und verbrauchte Nährstoffe wieder aufzubauen. Intelligente nachhaltige Landwirtschaft, Aufforstung und Renaturierung der Moore sind unabdingbar zur Aufrechterhaltung der Trinkwasserversorgung.

Wachstum sollte daher nur den noch weniger entwickelten Volkswirtschaften zugestanden werden. Die deutsche Bundesregierung beziffert die jährliche Steigerung des Bruttoinlandsproduktes für diese Gruppe von Ländern auf mindestens sieben Prozent, um die Lebensumstände zwischen der alten und neuen Welt anzugleichen.[129] Eine Definition, welche Länder darunterfallen, bleibt das Kommuniqué allerdings schuldig – ebenso wie die UN-Deklaration.

Dieses Buch will dem, durch Aufmerksamkeit heischende Medien potenzierten, Alarmismus nicht beitreten. Andererseits erleben wir, wie die Umweltveränderungen in unseren aufgeheizten Städten, den überfluteten Tälern und mit zunehmenden Unwettern bereits in unseren Alltag eintreten. Der Jahrhunderthitzemonat im Juli 2023 hat dies weltweit deutlich gemacht. Es hilft nicht, den Kopf in den Sand zu stecken. Wir müssen uns den veränderten Umweltverhältnissen anpassen.

Juli Zeh lässt ihre Protagonistin in dem Roman „Über Menschen" denken: „Warum hat sie – Greta Thunberg – nicht gesagt: „I have a dream" statt „How dare you?"[130] Der Ton macht die Musik. Folgen wir doch lieber einem Traum, statt uns durch schrille Töne zwingen zu lassen.

Schlußwort

Stellen wir uns einmal vor, wir wären an der Stelle von Alexander Gerst und würden von der Raumstation ISS auf unseren noch blauen Planeten blicken. Wozu der deutsche Raumfahrer während der Durchführung hunderter Experimente tatsächlich nur wenig Gelegenheit hatte, wie er bei einem seiner spannenden Vorträge einräumte. Aus dieser großen Entfernung würden wir feststellen, dass es auf dem runden Planeten Lebewesen gibt, die in einem Rausch von Konsum alles, was auf diesem blauen Wunder wächst und gedeiht, schneller vernichten, als es die Natur wiederherstellen kann. Wir würden auch beobachten können, dass nur ein kleinerer Teil dieser Spezies da unten ein solches Verhalten an den Tag legt. Der größere Teil der Bevölkerung lebt offensichtlich in viel ärmeren Verhältnissen und kämpft täglich um das Überleben. Fast eine Milliarde Menschen haben nicht genügend zu essen, kein sauberes Wasser und hausen in ärmlichen Unterkünften. Die Lebenserwartung dieser Menschen ist gering, während die im Überfluss lebende Bevölkerung immer mehr Hundertjährige hervorbringt. Aus der finsteren Perspektive des Weltraums beobachten wir, dass sich der Planet kontinuierlich aufheizt. Wir sollten uns bewusst machen, dass sich die Erderwärmung noch bis zur Mitte des 21. Jahrhunderts fortsetzen wird, selbst dann, wenn die Menschheit weltweit Sofortmaßnahmen zur Reduzierung der Treibhausgasemissionen und zur Entnahme von CO2 aus der Atmosphäre ergreift. Manche Effekte der klimabestimmenden Faktoren wirken erst nach Jahrzehnten oder Jahrhunderten, in beide Richtungen. Mit hoher Wahrscheinlichkeit werden wir das Ziel von 1,5 Grad Celsius 2030 reißen und es kaum noch schaffen, die Erderwärmung unter 2 Grad Celsius zu halten, wie es unter den Szenarien SSP1-1.9 und SSP1-2.6 möglich wäre. Wir bewegen uns derzeit auf dem Pfad SSP2-4.5 mit einer errechneten Erwärmung des Planeten zwischen 2.1 und 3.5 Grad Celsius. Das letzte Mal, dass der blaue Planet eine Erwärmung von oder über 2,5 Grad Celsius erfahren hat, liegt mehr als drei Millionen Jahre zurück.[131] Wir schauen auf immer häufiger auftretende Naturkatastrophen, die große Teile der um eine Sonne kreisenden Kugel verwüsten und lebensuntauglich machen. Wir denken an den 6. Sachstandsbericht des Klimarates – Intergovernmental Panel on Climate Change[13] – vom März 2023. Mit jedem halben Grad globaler Erderwärmung nehmen Intensität und Häufigkeit von Hitzeextremen und Hitzewellen zu. Vor allem in den nordöstlichen Gebieten – Russland, Asien, Nordamerika, Nordafrika – und in den arktischen Polregionen werden unvergleichlich heftige Niederschläge immer häufiger auftreten. In großen Teilen Europas, Südafrikas, Südamerikas und Südostasiens erleben wir mit großer Wahrscheinlichkeit öfter Trockenheit und Dürreperioden. Schon ab einer Erwärmung von 1,5 Grad über dem vorindustriellen Zeitalter (1850 bis 1900) erwarten die Wissenschaftler eine zunehmende Häufigkeit von Extremereignissen wie sie seit ihrer Aufzeichnung nicht vorgekommen sind.[132] Im 19. Jahrhundert sind Hitzeereignisse im Durchschnitt alle 50 Jahre eingetreten, heute erleben wir diese im Schnitt alle zehn Jahre. Ab 1,5 Grad Erderwärmung wird die Häufigkeit auf alle sechs Jahre mit hoher Wahrscheinlichkeit eingestuft, ab 2 Grad stellen sich diese Extremereignisse alle vier Jahre ein.[133] Aufgrund verfeinerter Modellrechnungen erwarten die Wissenschaftler, dass die Oberflächentemperatur der Erde in den 2030er Jahren 1,5 Grad höher liegen wird als von 1850 bis 1900. 2023/2024

---

[13] Der IPCC wurde 1988 vom Umweltprogramm der Vereinten Nationen (UNEP) und der Weltorganisation für Meteorologie (WMO) ins Leben gerufen. In den vier Arbeitsgruppen zur Erstellung des 6. Sachstandsberichtes haben mehr als 200 Wissenschaftler und Experten weltweit mitgewirkt.

liegen wir bei ca. 1,1 Grad (plus/minus zehn Prozent) Temperaturerhöhung über den gesamten Planeten gemessen. Die Landregionen sind im Mittel mit 1,59 Grad Celsius erheblich heißer als die Meere mit ca. 0,88 Grad. Noch eine Aussage des Sachstandsberichtes hat unsere Aufmerksamkeit auf sich gezogen. Die seit 1750 durch Treibhausgasemissionen verursachte Erwärmung, Versauerung und Sauerstoffminderung der Ozeane ist für hunderte bis tausende von Jahren nicht mehr rückgängig zu machen.

Unsere Betrachtungen lassen sich wie folgt zusammenfassen: Die Art und Weise, wie der Mensch in den letzten 200 Jahren gewirtschaftet hat, führte trotz enormer technischer und medizinischer Fortschritte eher zu einer Verstärkung der regionalen und überregionalen Ungleichheit der Erdbevölkerung. Es gibt hinreichend viele Indizien, dass sich dieser Prozess fortsetzen wird. Gleichzeitig stellen wir eine fortgesetzte Vernichtung unserer Lebensgrundlagen fest. Biodiversität wird in einem Umfang zerstört, der mit hoher Wahrscheinlichkeit nicht mehr rückgängig zu machen ist. Die Verringerung von Lebensräumen durch den Klimawandel führt zu Massenflucht in noch lebenswerte Regionen. Die stetige Vermehrung materiellen Reichtums trägt immer weniger zu einem gesteigerten Wohlstandsempfinden bei. Der Grenznutzen bezogen auf das gefühlte Wohlstandsempfinden stößt ab einem bestimmten Niveau an seinen Höchstwert und erzeugt mehr Unzufriedenheit als Befriedigung. In der Vergangenheit war sicher nicht alles besser. Kriege, Krankheiten, Naturkatastrophen, Elend und Arbeitslosigkeit kennzeichneten die vergangenen Jahrhunderte, die keiner mehr erleben möchte. Aber der eine oder andere erinnert sich vielleicht an eine Zeit, in der er mit weniger finanziellen Mitteln ausgestattet war, der Braten nur am Sonntag auf den

Tisch kam und es den Fisch nur am Freitag gab. Die Menschen waren deshalb nicht unzufriedener.

Eine starke Gemeinschaft und das höchste Glücksgefühl erfahren wir in unseren Beziehungen zu Partnern, Freunden, der Familie und Nachbarn, in der Anerkennung unserer Leistung durch andere, oder wenn wir andere Menschen glücklich machen können. Diese Wohlstandsfaktoren lassen sich nicht durch das Zahlenwerk des Bruttosozialproduktes messen. Mit einem anderen Fokus auf die Lebenssituation einer Gesellschaft lassen sich Wohlstand und Zufriedenheit erzeugen und sogar steigern, auch ohne materielles Wachstum.

Wir haben noch rund zehn Jahre Zeit, um zu verhindern, dass die Erderwärmung auf über 1,5 Grad Celsius hinaus steigt und die Folgen exponentiell anschwellen. Gleichzeitig nähern wir uns mit rasanten Schritten Kipppunkten, die unser Ökosystem Erde unwiederbringlich zerstören.

Sind wir uns bewusst: Wohlstand gibt es nicht zum Nulltarif. Gescheiter ist es, wenn wir jetzt beginnen, die Zukunft neu zu gestalten, solange wir es noch in der Hand haben.

Danksagung

Es war ein glücklicher Umstand, dass mir das Buch von Tim Jackson in die Hand fiel. Vielleicht war es auch die unbewusste Suche nach einer Antwort auf die vor uns stehenden Herausforderungen. Seine Studie zu der Frage, ob Wohlstand auch ohne Wachstum möglich ist, hat mich letztlich bewogen, das vorliegende Buch zu schreiben. Insofern darf ich mich bei ihm für die Inspiration bedanken.

Mein Dank gebührt aber vor allem Andreas Dripke, einem beseelten Schreiber, Texter, Autor zahlreicher Bücher und Publikationen, Unternehmer und Chairman des Diplomatic Council (UNO reg.). Er hat mich nach meinem ersten Schreibversuch als Co-Autor ermuntert, weiterzuschreiben und mich zu diesem Buch angeregt. Unsere Gespräche waren wertvolle Reflektionen und gaben mir Anstoß, die beschriebenen Sachverhalte und Lösungsvorschläge auch aus anderen Perspektiven zu beleuchten. Schließlich gibt es bei der vorliegenden komplexen Fragestellung nicht nur die eine Lösung, nicht nur den einen Weg.

Wichtig ist, das Ziel im Auge zu behalten. Sehr herzlich bedanke ich mich beim Lektorat des Diplomatic Council Publishing Verlages für ihre Mühe, dem Fehlerteufel auf die Schliche zu kommen, und dem Verlag für die gelungene Gestaltung dieses Werkes. Meine Frau darf an dieser Stelle natürlich nicht unerwähnt bleiben. Sie hat mir den Rücken freigehalten und mir mit viel Verständnis die Zeit eingeräumt, die ich für die monatelangen Recherchen und das anschließende Niederschreiben benötigt habe. Das Buch habe ich meinen Söhnen gewidmet.

In der Hoffnung, dass Sie, liebe Leser, und ich ihnen und all den anderen Söhnen, Töchtern und Enkelkindern auf dieser Welt den Weg für eine nachhaltige, lebenswerte Zukunft ebnen. Dafür bedanke ich mich im Voraus.

Über den Autor

Helmut von Siedmogrodzki wurde 1955 in Düsseldorf geboren, studierte Informatik und diplomierte in Wirtschafts- und Organisationswissenschaften. Nach einer erfolgreichen Laufbahn als Offizier der Bundeswehr und 23 Jahren in einem weltmarktführenden deutschen Industriekonzern als Geschäftsführer, CFO und Director of Boards in China, Hong Kong und Taiwan, wechselte er 2010 in die Selbständigkeit. Seitdem berät er mit seiner Firma Siebenburg International Ltd. mittelständische Unternehmen bei ihren Investitionen in China und dem mittleren Osten.

Seit 1997 lebt und arbeitet er in China sowie einige Jahre in den Vereinten Arabischen Emiraten. Im Diplomatic Council unterstützt er als Chairman International Relations den Aufbau in den VAE und der Volksrepublik China.

Helmut von Siedmogrodzki befasst sich seit vielen Jahren mit dem Thema nachhaltiger Unternehmensführung und Wirtschaftswachstum. Er organisiert regelmäßig Diskussionsabende zu aktuellen wirtschaftlichen und technologischen Entwicklungen. Auf Konferenzen ist er ein vielgefragter Sprecher und Moderator.

Über das Diplomatic Council

Das vorliegende Werk ist im Verlag des Diplomatic Council (DC) erschienen: DC Publishing. Das Diplomatic Council verknüpft einen globalen Think Tank, ein weltweites Business Network und eine Charity Foundation in einer einzigartigen Organisation mit Beraterstatus bei den Vereinten Nationen.

DC Mitglieder wie der Autor des vorliegendes Werkes vertreten die feste Überzeugung, dass Wirtschaftsdiplomatie ein tragendes Fundament für die internationale Völkerverständigung und den friedlichen Umgang der Nationen darstellt. Aus dieser Erkenntnis heraus überträgt das Diplomatic Council das Ziel der globalen Völkerverständigung in ein ökonomisches Mandat. Die Methodik eines weltweiten Wirtschaftsnetzwerkes wird hierzu mit der diplomatischen Kommunikationsebene der Staaten dieser Erde untereinander verknüpft. Vor diesem Hintergrund sind im Diplomatic Council Persönlichkeiten aus Diplomatie, Wirtschaft und Gesellschaft engagiert, die mit Augenmaß ausgewählt werden und die sich durch eine hohe Akzeptanz, eine hohe Kompetenz und ein mit den Grundpfeilern des Diplomatic Council übereinstimmendes Wertesystem auszeichnen. Ebenso sind Unternehmen willkommen, für die Corporate Social Responsibility mehr als ein Schlagwort ist.

Weitere Informationen: www.diplomatic-council.org

Bücher im DC Verlag

Stasi 2.0 – Wie wir durch den staatlich-industriellen Digitalkomplex zu gläsernen Bürgern werden und was das für unsere Zukunft bedeutet. 2. aktualisierte Auflage, Andreas Dripke, Markus Miksch, 444 Seiten, ISBN 978-3-947818-05-1

Mein Atomknopf ist größer – America vs. North Korea. Jamal Qaiser, 184 Seiten, Paperback, ISBN 978-3-947818-01-3

Rechtsruck – Wie das Wiedererstarken des Nationalismus Deutschland in die Katastrophe führt. Anonyme Autoren, 660 Seiten, Paperback, ISBN 978-3-947818-06-8

Pandemie – Die Welt im Corona-Krieg, 2. aktualisierte Auflage, Andreas Dripke, Markus Miksch, 148 Seiten, Paperback, ISBN 978-3-947818-13-6

Covid-19 Falsche Pandemie – Die fatalen Fehler der WHO und ihre verhängnisvollen Folgen. Jamal Qaiser, Markus Miksch, 234 Seiten, Paperback, ISNB 978-3-947818-15-0

75 Jahre UNO – Macht und Ohnmacht der Vereinten Nationen. Andreas Dripke, Hang Nguyen, 330 Seiten, Paperback, ISBN 978-3-947818-07-5

Die Dekade 2020-2030 – Das kommt auf uns zu!, Andreas Dripke, Hang Nguyen, 362 Seiten, ISBN 978-3-947818-17-4

Corona und Impfen, Andreas Dripke et al., 188 Seiten, ISBN 978-3-947818-18-1

Hacker – Angriff auf unsere Computer-Zivilisation, Anonyme Autoren, 432 Seiten, ISBN 978-3-947818-23-5

Künstliche Intelligenz (KI) – Wir werden gedacht, Dr. Horst Walther, Andreas Dripke, 250 Seiten, ISBN 978-3-947818-25-9

Migration nach Europa – Wir schaffen das und die Folgen, Anonyme Autoren, 510 Seiten, Paperback, ISBN 978-3-947818-32-7

Auto – Vom Diesel-Desaster bis zum selbstfahrenden E-Auto, Autorengemeinschaft Diplomatic Council, 572 Seiten, Paperback, ISBN 978-3-947818-09-9

Digitale Disruption – Alles wird anders, Andreas Dripke et al., 216 Seiten, Paperback, ISBN 978-3-947818-34-1

Welt ohne Bargeld – Bitcoin und andere Kryptowährungen, Andreas Dripke, Stephanie Stoerk, 176 Seiten, Paperback, ISBN 978-3-947818-41-9

Die biometrische Vermessung der Menschheit, Andreas Dripke et al., 212 Seiten, Paperback, ISBN 978-3-947818-39-6

Der Wahn mit dem Datenschutz, Marc Ruberg et al., 136 Seiten, Paperback, ISBN 978-3-947818-51-8

Die Apple Agenda – Welche Märkte der iKonzern künftig revolutionieren wird, Andreas Dripke et al., 260 Seiten, Paperback, ISBN 978-3-947818-47-1

Hilfe, wir werden gechippt! – Vom Mikrochip unter der Haut bis zum Hirnschrittmacher, Andreas Dripke et al., 176 Seiten, Paperback, ISBN 978-3-947818-55-6

Cyber War – Die digitale Bedrohung, Marc Ruberg et al., 244 Seiten, Paperback, ISBN 978-3-947818-45-7

Inside WHO – Analyse der World Health Organization (WHO) und ihres Chefs Dr. Tedros Adhanom Ghebreyesus, Andreas Dripke et al., 124 Seiten, Paperback, ISBN 978-3-947818-27-3

2045 – Das Jahr, in dem die Künstliche Intelligenz schlauer wird als der Mensch, Andreas Dripke, Dr. Horst Walther, 104 Seiten, ISBN 978-3-947818-57-0

Der digitale Euro kommt – Fakten, Analysen, Hintergründe, Andreas Dripke, Stephanie Stoerk, 232 Seiten, Paperback, ISBN 978-3-947818-61-7

Denken 5.0 – Was die klügsten Köpfe eines globalen Think Tank über unsere Zukunft denken; Andreas Dripke, Claude Piel, Detlef Schmuck, Dr. Harald Schönfeld, Helmut von Siedmogrodzki, Stephanie Stoerk, Dr. Horst Walther; 292 Seiten, Paperback, ISBN 978-3-94-7818-36-5

Digitale Identität – Unser Zwilling im Datennetz, Andreas Dripke et al. 164 Seiten, Paperback, ISBN 978-3-947818-53-2

Ewige Pandemie – Freiheit ade, Andreas Dripke, Markus Miksch, 204 Seiten, Paperback, ISBN 978-3-947818-59-4

Der Dritte Weltkrieg – Das Undenkbare denken, die deutsche Ausgabe von „How to avoid World War III“, Hang Nguyen, Jamal Qaiser, 216 Seiten, Paperback, ISBN 978-3-947818-67-9

Auto ohne Lenkrad – Das selbstfahrende Auto steht vor der Tür, Patrick Dripke, Thomas Gronenthal, 140 Seiten, Paperback, ISBN 978-3-947818-79-2

Roboter im Alltag – Maschinen (beinahe) wie Menschen, Andreas Dripke, 176 Seiten, Paperback, ISBN 978-3-947818-71-6

Irrfahrt E-Auto – Abgesang auf die deutsche Autoindustrie, Thomas Gronenthal et al., 212 Seiten, Paperback, ISBN 978-3-947818-81-5

China versus USA – Kampf um die Vorherrschaft, Dr. Horst Walther et al., 280 Seiten, Paperback, ISBN 978-3-947818-63-1

Krieg in Europa – Unser schlimmster Albtraum, Andreas Dripke, Hang Nguyen, Jamal Qaiser, Dr. Horst Walther, 260 Seiten, Paperback, ISBN 978-3-98674-026-9

Kampf ums Wasser – Die Herausforderung des 21. Jahrhunderts, Claude Piel, 380 Seiten, Paperback, ISBN 978-3-98674-024-5

Asyl – Flucht ins Paradies, Hang Nguyen, 220 Seiten, Paperback, ISBN 978-3-98674-012-2

Das Internet der Dinge – Die Vernetzung umschlingt uns, Andreas Dripke, Wolfgang Odenthal, 132 Seiten, Paperback, ISBN 978-3-947818-99-0

Die Rückkehr der Kernkraft – Warum Atomenergie unsere Zukunft ist, Andreas Dripke, Hang Nguyen, Marc Ruberg, 204 Seiten, Paperback, ISBN 978-3-947818-95-2

Spion im Smartphone – Wie unser Alltags-Begleiter zur Falle wird, Marc Ruberg et al., 208 Seiten, Paperback, ISBN 978-3-947818-85-3

Kampf ums All – Wie Jeff Bezos, Richard Branson und Elon Musk den Weltraum erobern, und die Rolle der NASA, der ESA, Russlands und Chinas, Andreas Dripke, 260 Seiten, Paperback, ISBN 978-3-98674-014-6

Wenn sich China und Russland verbünden... – Die Herausforderung der Freien Welt, Andreas Dripke, Hang Nguyen, Jamal Qaiser, 260 Seiten, Paperback, ISBN 978-3-98674-016-0

Widerstand gegen die digitale Überwachung – Wofür Julian Assange und Edward Snowden kämpften, Marc Ruberg, Detlef Schmuck, 220 Seiten, Paperback, ISBN 978-3-947818-93-8

Alles über Krypto – NFT, Blockchain, Bitcoin & Co, Andreas Dripke, Stephanie Stoerk, 160 Seiten, Paperback, ISBN 978-3-98674-007-8

Computer wie Götter – Die Rechenknechte übernehmen die Herrschaft, Andreas Dripke, Hang Nguyen, 148 Seiten, Paperback, ISBN 978-3-98674-005-4

Das Versagen des Westens in Afghanistan, Syrien und der Ukraine, Hang Nguyen, Jamal Qaiser, 148 Seiten, Paperback, ISBN 978-3-947818-97-6

Das Diesel-Desaster – Die Geschichte des größten deutschen Industrieskandals, Thomas Gronenthal et al., 340 Seiten, Paperback, ISBN 978-3-947818-83-9

Metaverse – Was es ist, wie es funktioniert, wann es kommt, Andreas Dripke, Marc Ruberg, Detlef Schmuck, 256 Seiten, Paperback, ISBN 978-3-947818-87-7

Klimakatastrophe – Wahn oder Wirklichkeit, Hang Nguyen et al., 184 Seiten, Paperback, ISBN 978-3-947818-49-5

Was nach dem Smartphone kommt – Eine Reise in unsere digitale Zukunft, Andreas Dripke et al., 152 Seiten, Paperback, ISBN 978-3-947818-69-3

Die digitale Zivilisation – Die Genesis und Zukunft unserer Informationsgesellschaft, Andreas Dripke, Harald A. Summa, 232 Seiten, Paperback, ISBN 978-3-98674-044-3

Ich bin nicht woke – Eine Widerrede gegen Gendern, Woke, Cancel Culture und anderes Gedöns, Mai Linh Tran, 184 Seiten, Paperback, ISBN 978-3-98674-065-8

Masterplan: Wie Elon Musk unsere Welt erobert, Andreas Dripke, 296 Seiten, Paperback, ISBN 978-3-98674-056-6

ChatGPT und LaMDA sind erst der Anfang – Wie Künstliche Intelligenz unser aller Leben verändert, Andreas Dripke, Tony Nguyen, Dr. Horst Walther, 200 Seiten, Paperback, ISBN 978-3-98674-067-2

Die falsche Energiewende – Die fatalen Fehler der deutschen Energiepolitik, Herbert W. Fischer, 164 Seiten, Paperback, ISBN 978-3-98674-099-3

Sebastian Thrun – Die autorisierte Biografie. Eine deutsche Karriere im Silicon Valley und was wir daraus für unser eigenes Leben lernen können. Andreas Dripke, 296 Seiten, Paperback, ISBN 978-3-98674-052-8

Künstliche Intelligenz für Entscheider, Andreas Dripke, Andreas Renner, Prof. Dr. Alexander Richter, Dr. Harald Schönfeld, Prof. Dr. Sebastian Thrun, Dr. Horst Walther, 220 Seiten Hardcover, ISBN 978-3-98674-078-8

Klima: Unsicherheit und Risiko – Unsere Reaktion überdenken, Dr. Judith Curry, 512 Seiten, Hardcover, ISBN 978-3-98674-091-7

Gesunde Ernährungskonzepte auf Basis aktueller Forschung (2020 - 2024) – Neueste Erkenntnisse aus der Entschlüsselung des Stoffwechsels, Dr. Detlef Weber, 268 Seiten, Hardcover, ISBN 978-3-98674-096-2

Wohlstand und Wirtschaftswachstum ohne Reue – Klimarettung ja, Deindustrialisierung nein, Jean Pütz mit Andreas Dripke, Hardcover, ISBN 978-3-98674-093-1

Literaturverzeichnis

Benes, Jaromir; Michael Kumhof (2012): “The Chicago Plan Revisited”, IMF Working Paper WP/12/202

Dittmar, Helga; Bond, Rod; Hurst, Megan; Kasser, Tim (2014): “The relationship between materialism and personal well-being: a meta-analysis”, University of Sussex, Journal of Personality and Social Psychology Volume 107, S. 879-924

FAO, IFAD, UNICEF, WFP and WHO (2022): “The State of Food Security and Nutrition in the World 2022: Repurposing food and agricultural policies to make healthy diets more affordable”, FAO, Rome

Repurposing food and agricultural policies to make healthy diets more affordable. Rome, FAO

Guterres, António (2021): „Climate action for people and planet: the time is now”, Malaysia, https://www.un.org/sg/en/content/sg/articles/2021-04-18/climate

-action-for-people-and-planet-the-time-now

Indset, Anders (2019): Quantenwirtschaft – Was kommt nach der Digitalisierung?, E-Book, deutsche Ausgabe, Econ, Ullstein Buchverlage, Berlin

International Monetary Fund (2021): „World Economic Outlook: Recovery during a Pandemic – Health Concerns, Supply Disruptions, Price Pressures”, Washington DC

IPCC (2021), Climate Change 2021: The Physical Science Basis, Working Group I contribution to the Sixth Assessment Report of the Intergovernmental Panel on Climate Change, University Press, Cambridge

Jackson, Tim (2017): Wohlstand ohne Wachstum – Grundlagen für eine zukunftsfähige Wirtschaft – Das Update, oekom verlag, München

Kasser Tim (2003), The High Price of Materialism, Bradford Books, Cambridge/Massachusetts, The MIT Press

Lange, Steffen; Tilman Santarius et al. (2022): „ Digital Reset. Redirecting Technologies for the Deep Sustainability Transformation”, TU Berlin, Berlin

Meadows, Dennis; Donella Meadows; Erich Zahn; Peter Milling (1972): Die Grenzen des Wachstums – Bericht des Club of Rome zur Lage der Menschheit, Deutsche Verlags-Anstalt, Stuttgart

Posse, Dirk (2015): „Zukunftsfähige Unternehmen in einer Postwachstumsgesellschaft. Eine theoretische und empirische Untersuchung", Schriften der Vereinigung für Ökologische Ökonomie, Heidelberg

Reischmann, Markus (2014): "Staatsverschuldung in Extrahaushalten: Historischer Überblick und Implikationen für die Schuldenbremse in Deutschland", Ifo Working Paper No. 175

Seligman, Edwin Robert Anderson (1927): Installment Selling, Harper & Brothers, New York, London

Sinn, Hans-Werner (2021): Die wundersame Geldvermehrung – Staatsverschuldung, Negativzinsen, Inflation, Herder, Freiburg im Breisgau

UNEP (2016): „ Global Material Flows and Resource Productivity – An Assessment Study of the UNEP International Resource Panel", United Nations Environment Programme (UNEP), Paris

Wildner, Tobias Maximilian; Johannes Förster; Bernd Hansjürgens (2022): " Sustainable Finance – Die Berücksichtigung von Biodiversität und Ökosystemleistungen: Bestandsaufnahme, vorläufige Bewertung und Handlungsempfehlungen", Helmholtz-Zentrum für Umweltforschung – UFZ, Leibzig

Zeh, Juli (2022): Über Menschen, btb Verlag, München

Quellenangaben und Anmerkungen

1 Donella und Dennis L. Meadows: Grenzen des Wachstums (1972, englischer Originaltitel The Limits to Growth), Studie über das Systemverhalten der Erde als Wirtschaftsraum bis zum Jahr 2100

2 Antonio Guterres, „Climate action for people and planet: the time is now', 18. April 2021, Malaysia

3 https://www.boerse-muenchen.de/suedseiten/846/Grenzenloses-Wachstum-in-einer-begrenzten-Welt

4 Tim Jackson „Wohlstand ohne Wachstum – das Update", S. 325; Defra-Studie 2007

5 Tim Jackson „Wohlstand ohne Wachstum – das Update", S. 105; Defra-Studie 2007

6 https://clubofrome.de/historie/

7 https://en.wikipedia.org/wiki/Tim_Kasser

8 https://www.gluecksdetektiv.de/the-high-price-of-materialism-von-tim-kasser/

9 https://www.cusp.ac.uk/about/fellowship/h_dittmar/

10 https://www.bundesfinanzministerium.de/Content/DE/Interviews/2021/2021-06-19-t-online.html

11 https://www.bundesregierung.de/breg-de/themen/nachhaltigkeitspolitik /nachhaltigkeitsstrategie-1124112

12 Deutsche Nachhaltigkeitsstrategie – Weiterentwicklung 2021 – Kurzfassung

13 https://blog.zeit.de/herdentrieb/2019/07/18/wachstum-vs-umwelt-ein-unloesbarer-konflikt_11386

14 Greenpeace-Recherche, 28.05.2021; Frontal21; Panorama, 20. Mai 2021

15 Butterberge und Bauernsorgen, Jantje Hannover, 14.06.2017, Deutschlandfunk

16 FAO. 2021. World Food and Agriculture - Statistical Yearbook 2021. Rome. https://doi.org/10.4060/cb4477en

17 „Dünger für den Klimawandel", Medienmitteilung der Forschungs-anstalt Art am 4.2.2010 und taz.de/Umweltbelastung-durch-Duenger/!5635932/ vom 19.11.2019

[18] Nitratbericht 2020 der Bundesrepublik Deutschland – bmuv.de/fileadmin/Daten_BMU/Download_PDF/Binnengewaesser/nitratbericht_2020_bf.pdf

[19] greenpeace.de/engagieren/nachhaltiger-leben/erdueberlastungstag-routinen-durchbrechen; footprintnet-work.org

[20] Food and Agriculture Organization of the United Nations (FAO) 2019

[21] United Nations Environment Program (UNEP) 2021

[22] The State of Food Security and Nutrition in the World 2022, FAO 2022

[23] https://frontex.europa.eu

[24] https://www.tagesschau.de vom 11.01.2022

[25] https://www.unhcr.org/globaltrends

[26] heute Xpress ZDF vom 10.11.2023; https://www.spiegel.de/wissenschaft/tuvalu-australien-bietet-allen-einwohnern-der-insel-aufnahme-als-klimafluechtlinge-a-c53fa233-173b-4afb-aa84-d77c76e5f0bc

[27] https://www.dw.com/de/erbitterter-streit-um-migration-pr%C3%A4gt-eu-gipfel/a-66084819

[28] Communication from the commission to the european parliament, the council, the european economic and social committee and the committee of the regions on the report on migration and asylum – corrigendum, brussels, 12.1.2023 c(2023) 219 final

[29] Mitteilung der Kommission - Ein neues Migrations- und Asylpaket, Brüssel, den 23.9.2020; https://eur-lex.europa.eu/legal-content/DE/TXT/?uri=CELEX%3A52020DC0609

[30] https://www.europarl.europa.eu/news/de/headlines/society/20170629STO78630/asyl-und-migration-zahlen-und-fakten; https://www.europarl.europa.eu/news/de/headlines/priorities/migration/20170627STO78418/die-reform-des-gemeinsamen-europaischen-asylsystems

[31] https://www.weltderwunder.de/die-geschichte-des-privatkredits-so-fing-mit-krediten-alles-an/

[32] Edwin Robert Anderson Seligman, Installment selling, 1927, Vol. I., S. 14

[33] https://de.statista.com/statistik/daten/studie/6804/umfrage/kredite-an-privatpersonen-in-deutschland/

[34] https://de.statista.com/statistik/daten/studie/159289/umfrage/konsumausgaben- privater-haushalte-in-deutschland-zeitreihe/

[35] Statistisches Bundesamt (Destatis) 2023; Genesis Datenbank

[36] https://www.t-online.de/nachrichten/deutschland/innenpolitik/id_100281640/bundesverfassungsgericht-kippt-nachtragshaushalt-60-milliarden-haushaltsloch.html

[37] Bundesrechnungshof Bericht vom 25. August 2023

[38] Bundesrechnungshof Bericht vom 25.August 2023

[39] Bundesrechnungshof Bericht vom 25. August 2023

[40] Markus Reischmann, „Staatsverschuldung in Extrahaushalten: Historischer Überblick und Implikationen für die Schuldenbremse Deutschland", ifo Institut -Leibnitz-Institut für Wirtschafsforschung, Universität München, Ifo Working Paper No. 175

[41] Reischmann, ebenda

[42] https://www.bundeshaushalt.de/DE/Bundeshaushalt-digital/bundeshaushalt-digital.html

[43] https://www.deutsche-finanzagentur.de/fms/finanzmarktstabilisierungsfonds/fms-auf-einen-blick

[44] World Economic Outlook Database des IMF, April 2023; www.imf.org

[45] https://www.zeit.de/wirtschaft/2023-01/staatshilfen-unternehmen-deutschland-eu-vorn

[46] https://www.accounting-for-transparency.de/de/news/gbp-monitor-mehr-als-die-haelfte-der-unternehmen-erhielt-corona-hilfen-krisenunternehmen-fordern-jetzt-weitere-staatshilfen/#

[47] US-Schuldenbremse: Droht ein Staatsbankrott der USA? | tagesschau.de, 17.05.2023

[48] Congressional Budget Office (CBO), An Update to the Budget Outlook: 2023 to 2033 (May 12, 2023), www.cbo.gov/publications/59096

[49] CBO, ebenda S. 5

[50] https://www.fuw.ch/article/chronologie-der-finanzkrise

[51] Hans-Werner Sinn, „Die wundersame Geldvermehrung", Herder 2021, S. 65

[52] Hans-Werner Sinn, ebenda, S. 68

[53] Hans-Werner Sinn, ebenda, S. 90

[54] https://theconversation.com/ecb-unleashes-the-trillion-euro-bazooka-but-how-will-it-work-36536

[55] https://www.ecb.europa.eu/press/key/date/2018/html/ecb.sp180129.en.html

[56] https://www.europarl.europa.eu/summits/lis1_de.htm#I

[57] Karliczek: Innovationen für eine klimaneutrale Zukunft erforschen und Ambitionen für ... | Presseportal Bundesministerium für Bildung und Forschung, 02.11.2021

[58] https://openai.com

[59] Digitalization for Sustainability (D4S), 2022: Digital Reset. Redirecting Technologies for the Deep Sustainability Transformation. Berlin: TU Berlin. http://dx.doi.org/10.14279/depositonce-16187

[60] https://www.fr.de/wirtschaft/ki-studie-strom-verbrauch-umwelt-klimawandel-energie-zr-92745772.html; siehe auch: https://www.sciencedirect.com/science/article/abs/pii/S2542435123003653

[61] https://publications.jrc.ec.europa.eu/repository/handle/JRC135926

[62] https://www.bundestag.de/presse/hib/kurzmeldungen-914208, Energieverbrauch der IKT-Infrastrukturen in Deutschland, 6. Oktober 2022

[63] https://www.bitkom.org/Bitkom/Publikationen/Studie-Rechenzentren-in-Deutschland, Update 2023

[64] https://arxiv.org/abs/2304.03271, Update vom 29. Oktober 2023

[65] https://www.t-online.de/finanzen/die-anleger/id_100319610/boerse-2024-nvidia-microsoft-google-geht-die-rallye-mit-ki-weiter-.html

[66] https://www.blog2social.com/de/blog/social-media-nutzer/

[67] https://www.resourcepanel.org/global-material-flows-database

[68] Posse, Dirk (2015) : Zukunftsfähige Unternehmen in einer Postwachstumsgesellschaft. Eine theoretische und empirische Untersuchung, Schriften der Vereinigung für Ökologische Ökonomie, ISBN 978-3-9811006-2-4, Vereinigung für Ökologische Ökonomie, Heidelberg, http://nbn-resolving.de/urn:nbn:de:101:1-201704231355 , http://www.voeoe.de/publikationen

[69] Digitalization for Sustainability (D4S), 2022: Digital Reset, S. 23

[70] https://data.worldbank.org; World Bank staff estimates based on sources and methods in World Bank's "The Changing Wealth of Nations: Measuring Sustainable Development in the New Millennium" (2011).

[71] https://data.worldbank.org; PM2.5 air pollution, population exposed to levels exceeding WHO guideline value (% of total); Vergleichswerte 2017

[72] Anders Indset, „Quantenwirtschaft – Was kommt nach der Digitalisierung?“, 4. vollständig aktualisierte und erweiterte Auflage, Econ, 2020

73 International Monetary Fund. 2021. World Economic Outlook: Recovery during a Pandemic—Health Concerns, Supply Disruptions, Price Pressures. Washington, DC, October, Box 1.2

74 https://www.nationalgeographic.de/wissenschaft/2023/03/gluecksforschung-was-wir-wirklich-brauchen-um-gluecklich-zu-sein-psychologie-skandinavien-deutschland

75 siehe Ziff. 67 ebenda

76 https://publishing.blog/von-der-ueberzeugung-und-dem-nachhaltigen-erfolg/

77 Gesetz über die unternehmerischen Sorgfaltspflichten zur Vermeidung von Menschenrechtsverletzungen in Lieferketten (Lieferkettensorgfaltspflichtengesetz - LkSG)

78 https://www.tagesschau.de/investigativ/rbb/lieferkettengesetz-111.html

79 https://www.bpb.de/kurz-knapp/hintergrund-aktuell/268127/vor-fuenf-jahren-textilfabrik-rana-plaza-in-bangladesch-eingestuerzt/

80 https://www.spiegel.de/ausland/kobaltfoerderung-im-kongo-der-alb-traumstoff-a-bcee9c56-86e5-46b2-8f82-85ccb1104160

81 A global village in India, Johanna Treblin/sp, 2. Mai 2013

82 www.deutsches-schulportal.de; Florentine Anders, 26. August 2022, aktualisiert am 22. August 2023

83 Tim Jackson, ebenda S. 208

84 https://de.statista.com/themen/11806/uebergewicht-und-fettleibigkeit/

85 IDF Diabetes Atlas 2021 – 10th edition; www.diabetesatlas.org

86 https://www.bundesnetzagentur.de/SharedDocs/Pressemitteilungen/DE/2023/20230106_RueckblickGasversorgung.html

87 Bundesnetzagentur, Rückblick: Gasversorgung im Jahr 2023

88 WirtschaftsWoche, Wie groß wird das Uiguren-Problem der Autokonzerne noch?, 22. Februar 2024

89 WirtschaftsWoche, Volkswagen hat die Wahl: E-Autos oder Menschenrechte, 29. Februar 2024

90 WiWo, ebenda

91 6. Sachstandsbericht des IPCC, Arbeitsgruppe I, SPM-33

92 Posse, Dirk (2015), S. 73

93 https://www.patagonia.com/company-history/

[94] Siehe Ziff. 66, ebenda Indset, Anders (2019). Quantenwirtschaft: Was kommt nach der Digitalisierung? . Ullstein eBooks. Kindle-Version.),

[95] https://de.statista.com/statistik/daten/studie/1126144/umfrage/woechentliche-arbeitszeit-in-deutschland/

[96] https://de.wikipedia.org/wiki/Bruttonationalglück

[97] Wikipedia, ebenda

[98] https://happiness-report.s3.amazonaws.com/2023/WHR+23.pdf

[99] https://de.wikipedia.org/wiki/Enquete-Kommission_Wachstum,_Wohlstand,_Lebensqualität

[100] https://www.bundestag.de/webarchiv/textarchiv /2010/32467716_kw48_ de_ wohlstandsenquete-203414

[101] Schlussbericht der Enquete-Kommission „Wachstum, Wohlstand, Lebensqualität – Wege zu nachhaltigem Wirtschaften und gesellschaftlichem Fortschritt in der Sozialen Marktwirtschaft", Deutscher Bundestag Drucksache 17/13300, 03.05.2013

[102] Vgl. Hierzu auch: https://www.imzuwi.org/index.php/79-ueber-uns/176-w-indikatoren

[103] https://www.handelsblatt.com/politik/konjunktur/jahreswirtschaftsbericht-kein-akademisches-trockenschwimmen-wie-habeck-wohlstand-neu-definiert/28011264.html

[104] https://www.umweltbundesamt.de/publikationen/wohlfahrtsmessung-in-deutschland

[105] https://www.imk-boeckler.de/fpdf/HBS-008250/p_imk_study_78_2022.pdf

[106] https://www.umweltbundesamt.de/print/47344

[107] IMK-Study Nr. 78 STUDY, Februar 2022, Hans-Böckler-Stiftung, S. 28 ff.

[108] ZDF-Sendung Maithink X E-Fuel vs E-Auto: Mythos Technologieoffenheit vom 24.03.2024

[109] www.reparaturbonus.at

[110] https://germany.representation.ec.europa.eu/news/recht-auf-reparatur-eu-kommission-begrusst-einigung-auf-neue-verbraucherrechte-2024-02-02_de

[111] https://www.ioew.de/news/article/reparieren-erleichtern-wie-die-politik-langlebige-produkte-foerdern-kann

[112] siehe https://www.ifeu.de/fileadmin/uploads/Praxis-Handbuch.pdf

113 https://www.ibg.at/menschenleere_fabrik/; Studie Frauenhofer-Institut „Produktionsarbeit der Zukunft – Industrie 4.0“

114 Mirjam Moll, Neue Zürcher Zeitung vom 25.01.2024, Bertelsmann-Studie berechnet massiven Lehrerüberschuss in Grundschulen bis 2035

115 Tim Jackson, ebenda, S. 247ff.

116 BaFin - Fachartikel - Nachhaltigkeit: Daran kommt niemand mehr vorbei

117 BaFin – Fachartikel, ebenda

118 Wildner, T.M., Förster, J., Hansjürgens, B. (2022) Sustainable Finance – Die Berücksichtigung von Biodiversität und Ökosystemleistungen: Bestandsaufnahme, vorläufige Bewertung und Handlungsempfehlungen. Studie im Auftrag des NABU.

119 https://finance.ec.europa.eu/capital-markets-union-and-financial-markets/company-reporting-and-auditing/company-reporting/corporate-sustainability-reporting_en

120 https://www.financeforbiodiversity.org/about-the-pledge/

121 https://www.imf.org/external/pubs/ft/wp/2012/wp12202.pdf

122 Michael Kumhof, „Financial reform for a sustainable economy': https://youtu.be/YnAtHbDptj8

123 Bundesbank Monatsberichte, 69. Jg, Nr. 4, April 2017, S. 33-36

124 Wikipedia: Letzte Generation

125 U.a. Ziff. 27 United Nations A/RES/70/1, 21 October 2015, Resolution adopted by the General Assembly on 25 September 2015

126 https://www.bundesregierung.de/breg-de/themen/nachhaltigkeitspolitik/nachhaltig-wirtschaften-276606, 16. August 2023

127 Schlussbericht der Enquete-Kommission „Wachstum, Wohlstand, Lebensqualität“, Vorwort der Vorsitzenden

128 siehe Ziff. 28 United Nations A/RES/70/1, 21 October 2015, Resolution adopted by the General Assembly on 25 September 2015

129 https://www.bundesregierung.de/breg-de/themen/nachhaltigkeitspolitik/nachhaltig-wirtschaften-276606

130 Juli Zeh „Über Menschen“, btb-Verlag 2022

131 IPCC AR6 WGI Full Report, SPM-17, Seite 47

[132] IPCC, 2021: Summary for Policymakers. In: Climate Change 2021: The Physical Science Basis. Contribution of Working Group I to the Sixth Assessment Report of the Intergovernmental Panel on Climate Change [Masson-Delmotte, V., P. Zhai, A. Pirani, S. L. Connors, C. Péan, S. Berger, N. Caud, Y. Chen, L. Goldfarb, M. I. Gomis, M. Huang, K. Leitzell, E. Lonnoy, J.B.R. Matthews, T. K. Maycock, T. Waterfield, O. Yelekçi, R. Yu and B. Zhou (eds.)]. Cambridge University Press. In Press, S. 19

[133] https://www.lpb-bw.de/ipcc: Weltklimabericht 2023 aktuell - Klimabericht IPCC - IPCC-Berichte: Sachstandsberichte zur Klimaforschung - Zusammenfassung (lpb-bw.de)